DISCOURS

SUR

L'UTILITÉ DES VOYAGES

DES PRINCES.

> . . . . Ce font les Souverains
> Qui font le caractère & les mœurs des Humains.
> *Epit. de* VOLT. *à l'Imp. des Ruffies.*

Graver del sub Jac Houdon.

Gautier scud à S. 1782

PREMIER DISCOURS

SUR L'UTILITÉ

ET LES AVANTAGES

QUE LES PRINCES PEUVENT RETIRER DE LEURS VOYAGES
en parcourant les Monumens Publics de tous les genres;

CONTENANT *également un coup-d'œil fur tous les Etabliffemens formés par l'*IMPÉRATRICE *CATHERINE II. dans fon Empire, & la Defcription d'un Monument Public projetté à la gloire de cette Grande Souveraine.*

DÉDIÉ

A L'ACADÉMIE IMPÉRIALE DES SCIENCES

DE SAINT-PÉTERSBOURG,

PAR M. *l'Abbé* DE LUBERSAC, *Abbé de Noirlac & Prieur de Brïve.*

A SAINT-PÉTERSBOURG,

Et fe trouve A PARIS,

Chez GUILLOT, Libraire de MONSIEUR Frere du ROI, rue
de la Harpe.

M. DCC. LXXXII.

A

SON ALTESSE IMPÉRIALE

MONSEIGNEUR

LE GRAND-DUC DES RUSSIES.

MONSEIGNEUR,

U N *Prince tel que vous, deſtiné par droit de naiſſance à paroître un jour ſur l'un des plus beaux Trônes du Monde, ne peut ignorer quels ont été les plus grands Souverains qui ne régnerent ſur leurs Peuples que pour les rendre heureux ; & avant que* VOTRE ALTESSE IMPÉRIALE *ne fût ſortie des vaſtes Etats de la Ruſſie, pour aller juger par Elle-même de la célébrité des Empires du Midi de l'Europe, elle avoit ſans doute déjà contemplé dans les Hiſtoriens de ſa Nation, la mémoire du plus grand des Souverains qui peut-être ait jamais paru ſur le Globe, dans la Perſonne du Czar, ſurnommé à juſte titre Pierre-le-Grand, Monarque qui donna l'exiſtence & la vie morale à une Contrée immenſe, mais inculte, barbare & nulle, pour ainſi dire, avant lui, & la mit dans un clin-d'œil preſqu'au niveau des Puiſſances les mieux policées de l'Europe.* *

(*) Voyez l'Article Ruſſie & Pétersbourg dans l'Ouvrage intitulé , *Diſcours ſur les Monumens Publics*, dédié au Roi , &c.

Mais, Monseigneur, en vous rapprochant, ou plutôt en vous fixant à l'aurore de votre exiſtence même, vous jouiſ-ſez du bonheur le plus accompli, celui d'avoir ſous les yeux une ſublime & intéreſſante leçon, toujours agiſſante pour la félicité d'un Peuple immenſe, dans la Perſonne de Catherine I Ie. votre Auguſte Mere. Eh! quel modéle plus parfait pour un Prince tel que vous, encore au printems de l'âge!

Oui, Monseigneur, toutes les parties du Monde reten-tiſſent de la haute renommée de cette grande Impératrice: ſes vertus patriotiques, ſes talens ſupérieurs dans la ſage adminiſ-tration de ſes Etats, ſes ſuccès prodigieux, inconcevables même dans tout ce qu'elle a entrepris, ont étonné l'Univers. La France, Emule de l'antique Grèce, dont la Capitale ſurpaſſe en tous les genres la fameuſe Athènes, eſt à juſte titre conſidérée depuis deux ſiécles comme un foyer ardent d'où partent des rayons de lumiere qui vont éclairer la raiſon des Peuples les plus éloignés & les plus ſauvages; & cette immenſe Cité ſe glorifiera à jamais d'avoir été jugée telle par le Czar Pierre-le-Grand; cette même Capitale, dis-je, eſt aujourd'hui juſtement frappée de l'éclat & du beau Regne de cette célèbre Impératrice Catherine II. votre Auguſte Mere.

A l'exemple de Pierre-le-Grand votre Biſayeul, je dirai plus, à celui des autres Princes du Nord vos Contemporains, vous ſortez de vos Etats pour aller recueillir chez les différens Peuples les connoiſſances qui peuvent encore n'être pas germées parmi les vôtres. Mais, Monseigneur, vous arrivez en France

*fous de plus heureux aufpices que le Czar Pierre-le-Grand.
La Ruffie, encore inculte fous cet Homme extraordinaire,
lui oppofa de grandes difficultés, puifqu'il eut à combattre
la rigueur du climat, l'âpreté de la Nature, la rudeffe & les
préjugés de l'homme fon Sujet alors efclave : vous ne les éprou-
verez point ces difficultés ; Catherine II. a pofé la derniere
pierre de ce grand Edifice que le Czar avoit établi fur les Rochers de l'immortalité ; fous fon Adminiftration, la nuit des
préjugés s'eft éclipfée, & le jour de la raifon qu'Elle a fait luire
fur fes Etats fera bientôt mûrir dans les efprits les nouvelles
connoiffances qui deviendront dans peu le fruit heureux de
vos Voyages.*

*Mais, Monseigneur, un avantage bien plus précieux,
& intéreffant à votre Cour, & que n'eut pas Pierre-le-Grand
ni les Princes du Nord qui vous ont précédés dans la nôtre,
c'eft celui de parcourir l'Europe avec une Compagne aimable
que vous chériffez, douée de toutes les vertus, de toutes les
graces de fon Sexe & de toute l'énergie du vôtre ; faite pour
intéreffer & adoucir les fatigues de vos courfes pénibles.*

*Vos Altesses Impériales fe trouvent maintenant dans
une Cour nombreufe, brillante, jeune & riante ; les Auguftes Princes & Princeffes du Sang Royal qui la compofent,
vous paroîtront fans doute le modèle & l'exemple le plus parfait de la tendreffe conjugale, de la bonté, de l'affabilité, &
fur-tout de la bienfaifance envers des Peuples foumis & inviolablement attachés à leurs Maîtres : tous ces caractères, dis je,*

ne font-ils pas pour *Vos Altesses Impériales* le préfage le plus heureux du même bonheur qui vous attend un jour fur le Trône de toutes les Ruffies ?

Recevez, ô *Prince* magnanime, dans ma Patrie même, l'hommage de mes travaux littéraires ! vous & votre *Augufte Fpoufe* me les avez infpirés : la narration fimple & fidele, quoique rapide, de vos courfes utiles dans l'intérieur de nos Monumens Publics & de Génie, inftruira mes Concitoyens & les vôtres de vos actions parmi nous : la Poftérité préfente & future fçaura au moins qu'un des Defcendans du Czar Pierre vint comme lui honorer de fon augufte préfence la Nation la plus éclairée de l'Univers.

Puiffe enfin *Votre Altesse Impériale* trouver cet hommage digne d'Elle : il lui eft offert, ainfi qu'aux Savans de fa Capitale, par un Noble Français qui, s'il n'avoit pas le bonheur d'être né Sujet d'un Maître adoré de fes Peuples, eût ambitionné de vivre fous les Loix de *Catherine II.* votre *Augufte Mere ;* & qui ofe fe dire avec le plus profond repect,

DE VOTRE ALTESSE IMPÉRIALE,

MONSEIGNEUR,

Le très-humble & très-obéiffant Serviteur,
L'Abbé DE LUBERSAC.

INTRODUCTION

HOMMAGE LITTÉRAIRE
D'UN NOBLE CITOYEN FRANÇAIS
AUX SOUVERAINS DU NORD.

Présenté au Roi, à la Reine & à la Famille Royale.

PREMIER DISCOURS,

Sur l'utilité & les avantages que les Princes peuvent retirer de leurs Voyages, en parcourant les Monumens Publics dans tous les genres :

Contenant également un Coup-d'œil sur tous les Etablissemens formés par l'Impératrice Catherine II dans son Empire ; & terminé par la Description d'un Monument Public projetté à la Gloire de cette grande Souveraine.

SECOND DISCOURS,

Sur les Voyages en France du Czar Pierre I, des Rois de Suéde & de Dannemarck, de l'Empereur Joseph II, de Leurs AA. II. le Grand-Duc & la Grande-Duchesse des Russies; terminé par la Réception qui leur a été faite à la Cour de Versailles, chez les Princes du Sang de France & dans la Capitale.

Ces deux Discours, dédiés à l'Académie des Sciences de Saint-Péterfbourg, font précédés d'une Epitre de l'Auteur à S. A. I. Mgr le Grand-Duc des Russies, & d'un Avertissement Historique & Politique sur l'Empire des Russies; Morceau très-intéressant.

Par M. l'Abbé de Lubersac.

PROSPECTUS
DE L'ÉDITEUR DE CET OUVRAGE,
(LE Sieur GUILLOT, Libraire de MONSIEUR FRERE DU ROI, rue de la Harpe).

LA publicité & la réputation d'un premier Ouvrage de M. l'Abbé de Luberfac, *fur les Monumens Publics de tous les Ages du Monde, &c.* dédié au Roi LOUIS XVI, dès l'inftant de fon avénement à la Couronne, & imprimé par fes ordres au Louvre, nous difpenfe de renouveller ici l'éloge qu'en firent, lorfqu'il parut, toutes les Puiffances & les Cours de l'Europe, auxquelles cet Ouvrage fut envoyé de la part du Roi, les Académies Nationales & Etrangeres, les Papiers publics, & fur-tout les Gens de Lettres & de goût. La belle Approbation donnée à cet Ouvrage par le Cenfeur Royal, feu M. Capperonnier, Garde de la Bibliothéque du Roi, Sçavant dont la mémoire fera toujours chere dans l'Empire des Lettres, fuffira féule pour établir à jamais une réputation folide à cet Ouvrage. » Nous ne pouvons, dit M. Capperonnier, nous » empêcher d'admirer dans cet Ouvrage, la belle diftribution, la méthode & la » rapidité du ftyle. On n'a pas renfermé dans moins d'efpace, autant de grands » objets, auffi précieux par la beauté des formes que par la jufteffe des propor- » tions ; & par-tout éclatent, avec un noble enthoufiafme, les fentimens ver- » tueux & patriotiques d'un Citoyen eftimable.

» Quant à ce qui concerne le *Monument confacré à la Gloire du ROI & de » la France*, ingénieufement & fçavamment imaginé par le même Auteur, il » n'a paru que tous les Cœurs François votoient avec tranfport pour l'exécution » d'un fi magnifique Projet. A Paris, ce 21 Janvier 1775.

» *Signé CAPPERONNIER, Cenfeur Royal, Garde »de la Bibliothéque du ROI*».

NOUS annonçons aujourd'hui qu'ayant fait l'acquifition des Planches en cuivre à l'eau-forte du Monument Public confacré à la Gloire du ROI regnant, celle du beau Frontifpice exécutée au Burin, allégorique fur le Sacre du ROI, & autres qui feulement font & font partie de l'Ouvrage imprimé au Louvre. Nous avons également acquis le Privilége & les Exemplaires reftans de deux éditions premieres de cet Ouvrage, avec pouvoir, par conféquent, de faire une troifième édition ; ce que nous exécutons actuellement à nos frais, avec des augmentations par le même Auteur.

Nous donnons, en même tems, avis que nous fommes chargés de l'édition *in-*4°. des deux Difcours dont nous venons d'annoncer les Titres, & qui ont pour Frontifpice le Bufte de Sa Majefté Impériale des Ruffies Catherine II, gravé par M. Gaucher, d'après le Bufte qu'en a fait M. Oudon, & le Deffin de M. Greufe.

Les Titres feuls de ces deux Difcours annoncent combien ils feront intéreffans à lire; d'ailleurs, le Public Littéraire les jugera : mais ce qui toujours doit prévenir en faveur de l'Auteur, c'eft de n'avoir rien hazardé à l'impreffion, felon fon ufage, qu'auparavant il n'ait eu le fuffrage des grands Perfonnages qui y font nommés & de quelques Sçavans connus; il ofe même fe flatter de l'avoir obtenu au-delà de fes efpérances. Deux extraits de Lettres qui lui ont été adreffées, l'une par M. le Comte de Buffon, & l'autre par le Cenfeur Royal M. l'Abbé Guyot (que l'Auteur n'avoit point encore l'honneur de connoître perfonnellement), qui a cenfuré & approuvé fon Ouvrage, fuffiront pour en donner la preuve.

LETTRE DE M. LE COMTE DE BUFFON
A M. L'Abbé de Lubersac,
En date du 15 Avril 1782.   *Jardin du Roi.*

Cette Lettre n'eft relative qu'au premier Difcours, qui même n'étoit alors qu'ébauché. Le deuxième Difcours n'étoit point encore imaginé, puifque M. *le Comte* & Mme *la Comteffe du Nord* n'étoient point à Paris à cette époque.

M.

» J'ai l'honneur de vous renvoyer le beau Projet de votre fuperbe Monument
» de l'Impératrice des Ruffies (1) & tous les Papiers de correfpondance avec Sa
» Majefté Impériale & Princes de fa Cour, que vous avez eu la bonté de me
» confier. Votre Difcours, dédié à l'Académie des Sciences de Péterfbourg,
» contenant l'Eloge de Catherine II, grande Souveraine des Ruffies,
» m'a fait le plus grand plaifir : il eft très-bien écrit & noblement penfé. Rece-
» vez tous mes remercimens, M. & les affurances de l'attachement & du ref-
» pect, &c. *Signé*, Le Comte de Buffon ».

Extrait d'une Lettre de M. l'Abbé Guyot, Cenfeur Royal,
à M. l'Abbé de Lubersac.

» La Cenfure, Monfieur l'Abbé, ne m'a jamais donné de plus agréables
» momens que ceux que je viens d'employer à vous lire. Vos defcriptions font
» charmantes, pleines d'âme, de feu, & femées d'images les plus brillantes
» Le Patriotifme s'y peint, d'ailleurs, à grands traits, &c. &c. &c ».

---

(1) *M. l'Abbé de Lubersac avoit fait transporter chez M. le Comte de Buffon le beau Deffin colorié & fous glace de ce Monument Public.*

E N effet, l'on peut affurer que jamais Ouvrage n'a renfermé plus d'idées patriotiques que celui-ci, préfentées avec toute l'énergie & la nobleffe qui décélent que l'Auteur eft un noble & bon Citoyen, inviolablement attaché à la gloire de fes auguftes Maîtres & à celle de fa Patrie ; n'ayant d'ailleurs pour but dans fes Ecrits que de contribuer au bonheur des Peuples, en préfentant fans ceffe aux Souverains des Maximes de Patriotifme, fondées fur la raifon & la vertu.

L'Approbation du Cenfeur Royal eft terminée en ces termes : « Cet Ouvra- » ge, intéreffant par fon objet, le devient doublement par le mérite & la répu- » tation de l'Auteur ».

De tels fuffrages ne font-ils pas faits pour affurer un fuccès marqué à l'Auteur, dont les productions ne refpirerent jamais que la modeftie, les principes de l'honneur, toujours réverfibles au bien de fes Concitoyens, & particulierement encore ceux d'un défintéreffement marqué ? Il en donne aujourd'hui une nou-velle preuve, en invitant tous les Soufcripteurs de fon premier Ouvrage de venir retirer *gratis* un Exemplaire de ce dernier, que nous fommes chargés de délivrer, pourvu toutefois qu'on nous produife une certitude de Soufcription du premier Ouvrage ci-deffus expliqué.

Nous donnons encore avis que les deux grandes Eftampes repréfentant le Monument Public à la Gloire du Roi, fe diftribueront dans notre Magafin, au prix feulement de 16 liv. avec l'explication imprimée. Tout le monde connoît l'importance & le fini de ces Gravures, dont il exifte peu d'Exemplaires, & dont bientôt il n'en exiftera plus, l'Auteur fe propofant de gratifier le riche Cabinet des Eftampes du Roi, des Planches en cuivre, ainfi qu'il a fait des magnifiques Tableaux richement encadrés, qui décorent une partie de la Bibliothéque du Roi.

Le premier Ouvrage, petit *in-folio*, intitulé, *Difcours fur les Monumens de tous les Ages*, &c. dédié au Roi, même avec des augmentations, ne fera que de 12 liv. l'Exemplaire, avec les Eftampes de l'intérieur.

Les deux Difcours ayant pour Frontifpice le Bufte de l'I M P É R A T R I C E des Ruffies regnante, précédés d'une Epitre à M. *le Grand-Duc des Ruffies*, & d'une Introduction Hiftorique & Politique fur les Ruffies ; feulement de 4 liv. 10 f. format *in quarto*.

N o u s donnons encore avis aux Amateurs des Sciences & des Arts, qu'avec la permiffion de M. BIGNON, Grand-Maître de la Bibliothéque du Roi, l'on verra, les jours de Bibliothéque du Cabinet des Eftampes, le beau Deffin colorié, fous glace, repréfentant le Monument Public projetté à la Gloire de CATHERINE II, *Impératrice des Ruffies.*

GUILLOT, Libraire de MONSIEUR Frere du R O I, rue de la Harpe.

INTRODUCTION
PRÉLIMINAIRE
ET HISTORIQUE.

Quand un Citoyen a célébré avec quelque fuccès la gloire de fon Maître ; quand il a payé le tribut que fon génie & fon cœur lui devoient, en confacrant à fa mémoire un Monument Public deftiné à tranfmettre aux Poftérités futures fes vertus, fes talens & fes actions de bienfaifance (1) ; alors il lui eft libre de porter fes regards fur d'autres Princes dignes du même hommage, & de leur ériger de femblables Monumens de gloire.

J'ai acquitté ce premier tribut : j'ai porté enfuite mes

---

(1) M. l'Abbé de Luberfac, à la fuite d'un grand *Difcours fur les Monumens Publics de tous les âges du Monde*, dédié & préfenté au Roi regnant dès fon avenement à la Couronne, & imprimé par fes ordres à fon Imprimerie Royale, plaça à la fuite de cet Ouvrage les gravures d'un Monument Public également confacré à la gloire de fon Maître. Tout le monde connoît l'importance de ces gravures, tant du côté des allégories heureufes qu'elles repréfentent, que de celui de leur exécution ; mais ce qui à jamais fera flatteur pour M. l'Abbé de Luberfac, Auteur de ces Ouvrages, c'eft qu'il fut le premier des François qui donnât le beau titre de *Bienfaifant* au Roi fon Maître ; titre qu'il fit graver fur l'Obélifque de l'Immortalité avant le Sacre même de *Sa Majefté* ; titre enfin que le cri unanime de la Nation Françoife a pour jamais confirmé, en ce que le regne de *Louis XVI* eft véritablement celui de la Bienfaifance.

b

regards fur les Etats des principales Puiſſances du Nord
de l'Europe. La Ruſſie m'ayant ſemblé dominer dans
l'immenſe partie de ſa Région glacée , & l'Auguſte Impératrice qui la gouverne avec tant de célébrité ayant
également fixé mon ſuffrage ou plutôt mon admiration ,
j'ai eſſayé de tracer à grands traits la marche rapide de
ſon regne, qui ſervira de modèle aux Regnes qui doivent
le ſuivre.

A peine cette entrepriſe , difficile pour un François
étranger à la Ruſſie , fut-elle terminée, que feu M. le
Comte de Maurepas (qui avoit bien voulu ſolliciter &
obtenir pour moi de SA MAJESTÉ la permiſſion de m'en
occuper ,) que ce Miniſtre, dis - je, remit au Roi un
Manuſcrit de ma compoſition ſur les Monumens Publics de la Ruſſie, contenant les Eloges du *Czar Pierre I.*
d'Eliſabeth & de Sa Majeſté Impériale des Ruſſies , aujourd'hui regnante : en même - tems j'eus l'honneur de
préſenter au Roi un Tableau ſous glace repréſentant un
Monument Public à la gloire de *Catherine II*, pour être
élevé à S. Péterſbourg : SA MAJESTÉ après avoir exami-
né cet Ouvrage , voulut bien m'en exprimer ſa ſatisfaction.

L'eſquiſſe terminée de ce Tableau intéreſſant & magnifique, faiſant aujourd'hui partie de la décoration de
mon Cabinet, j'ai cru que dans la circonſtance du ſéjour

que *Leurs Alteffes Impériales des Ruffies* ont fait dans notre Capitale, je devois expofer ce même Ouvrage fous les yeux de ces Princes : j'obtins de M. de Bignon, Confeiller d'Etat, & Directeur Général de la Bibliothéque du Roi, la permiffion de placer dans le Cabinet des Eftampes ce Monument à la gloire de *Catherine II*, à côté même de celui que j'ai confacré à la gloire de mon Augufte Maître.

M. le Comte & Madame la Comteffe du Nord fenfibles à cet hommage de ma part, qui ne pouvoit que les intéreffer, m'en témoignerent leur contentement lorfqu'ils vifiterent la Bibliothéque du Roi, & ajouterent qu'ils avoient vu ces mêmes Ouvrages dans les Cabinets de *Sa Majefté Impériale des Ruffies*.

Témoin de la maniere utile dont ces Illuftres Voyageurs ont parcouru tous les Monumens Publics & Particuliers de notre Capitale ; témoin encore de la fupériorité avec laquelle ils ont fu apprécier les divers chefs-d'œuvres qui y font confignés, je conçus alors le projet de revenir fur mes pas, en reprenant fous-œuvre le premier travail littéraire que j'avois d'abord confacré à *Sa Majefté Impériale des Ruffies*, de donner à cette production beaucoup plus d'intérêt, en y inférant des réflexions fur les Voyages faits en France par divers Princes Etrangers, ceux des Ruffies particulierement, & de rendre avec autant d'exactitude que de célébrité les détails intéreffans des Fêtes Publiques que la Cour de France, les Princes du Sang, la Capitale même leur ont données, & plus particulierement encore d'exprimer la fenfation que ces Princes ont fait naître dans tous les cœurs François : fenfation trop intéreffante pour que jamais elle s'en efface, & qui dans l'Hiftoire Nationnale fera certainement époque.

Cet Ouvrage, fous le titre de *Difcours*, &c. &c. eft dédié à l'Académie Impériale des Sciences de S. Péters-bourg. J'ai cru devoir cet hommage à cet Aréopage de Savans, témoins de tout ce qu'a fait de grand *Catherine II.* dans fes Etats, depuis le premier inftant qu'elle en a dirigé les rênes. Si par cet Ouvrage je n'apprends rien de nouveau à ces Savans, en ce qui regarde leur Empire, & même leur Grande Souveraine, du moins y verront-ils une fuite de Tableaux dont les fujets auffi riches que variés, font faits pour intéreffer leurs ames, & peut-être leurs génies.

Mais avant tout, j'ai eu intention d'inftruire mes Concitoyens, & de mettre fous leurs yeux dans cette Introduction Préliminaire fur-tout, l'analyfe des événemens les plus remarquables qui fe font paffés en Ruffie depuis la naiffance de fon Alteffe Impériale *Paul - Pétrowitz*, Czarowitz, Grand-Duc des Ruffies, Duc de

Holftein-Gottorp , feul héritier préfomptif de l'Empire
& Autocratie de toutes les Ruffies, Grand-Amiral, &c.
jufqu'à l'époque de fon apparition en France. J'y join-
drai auffi quelques faits hiftoriques qui intéreffent le
Gouvernement de l'Empire Ruffe. Tous ces détails préliminaires font effentiels à mon Ouvrage, & peut - être
intérefferont-ils affez vivement une partie de mes Lecteurs.

L'Empire Ruffe , connu dans le dernier fiecle fous le
nom peu faftueux en Europe de Grand-Duché de Mofcovie , femble deftiné depuis un fiecle à être gouverné
par de Grands Princes : les plus célébres que nous con-
noiffions jufqu'à ce jour , fe font occupés , avec fruit, du
foin de tirer les Peuples qui habitent ce vafte Empire ,
de l'état d'ignorance & de barbarie dans lequel le Nord,
depuis la chûte de l'Empire des Grecs , étoit tombé.
Pour y parvenir, le Czar *Pierre* , furnommé *le Grand* ,
l'Impératrice *Elifabeth* , & plus particulierement encore
Sa Majefté Impériale, actuellement régnante, *Catheri-*
ne II, ont, à l'exemple des premiers Romains , lors de la
fondation de leur Métropole , envoyé chez toutes les
Nations éclairées pour en connoître les meilleures Infti-
tutions, & y recueillir ce qui pourroit être plus analogue
au climat & aux mœurs d'une Nation qui eft un mélange

de tant de différentes Peuplades, & qui vivent fous des hémifpheres différens.

Ces Princes ne fe font pas contentés, à l'exemple d'*Augufte* à Rome, de *François premier* en France, & de *Frédéric*, Roi de Pruffe regnant, d'attirer les Savans chez eux & de les récompenfer; ils ont même excité l'émulation de ceux qui ont réfifté à des avantages fi flatteurs ; ils ont poffédé le talent fi rare de s'en faire des amis & des Apologiftes : enforte même que la correfpondance entre des Savans, féparés par un fi long efpace, a donné une fecouffe étonnante, inefpérée même à l'ignorance & à la barbarie dont cette Contrée étoit couverte. Cette commotion imprévue leur ayant fait entrevoir quelques foibles étincelles du Génie, il en a prefque auffi-tôt réfulté une grande révolution dans le moral de la Ruffie : enforte que les Arts, jufques-là inconnus, commencerent à y germer.

Cet Empire s'étoit trop aggrandi, fans doute, pour qu'en fi peu d'années il pût fortir de l'efpèce d'apathie générale qui l'accabloit, & fe montrer dans un état de perfection politique, tel, par exemple, que celui de la France, qui peut-être donne le ton aux autres Nations par fes avantages ineftimables.

Pierre le Grand fit prefqu'en Ruffie ce qu'avoit fait

Louis XIV en France, ou du moins en eut-il le defir; je veux dire que l'un & l'autre allumerent le Génie de leur Nation ; avec cette différence, cependant, que *Pierre premier* fut obligé d'aller chercher au loin tout ce que *Louis XIV* trouvoit chez lui.

Pierre le Grand imitant (peut-être fans s'en douter) les anciens Philofophes Grecs, voulut inftruire fa Nation par lui-même ; il voyagea donc chez tous les Peuples de l'Europe pour y faire une foule d'obfervations intéref-fantes, propres à opérer la révolution méditée en faveur de fes Etats : perfuadé qu'un Prince eft comme le Dieu Tutélaire de fes Peuples, il crut qu'il étoit de fa gloire de defcendre de fon Trône pour s'inftruire lui-même de tout ce qui pouvoit contribuer au bonheur de fon Em-pire, & y remonter enfuite avec plus de Majefté, pour répandre du haut de fa Grandeur, de tous côtés, l'abon-dance & l'inftruction. Il fut donc le premier Prince qui fe dépouillant à propos du fafte royal, & fecouant cette gêne de l'étiquette ordinaire des Cours, ofât entrepren-dre une forte de pélerinage fi glorieux, & dont l'Hiftoi-re des Rois ne nous fournit, avant lui, aucun exemple. Les anciens Rois de Perfe voyageoient, il eft vrai ; mais feulement dans leurs Etats, pour y voir & juger tout par eux-mêmes ; mais ne recueillant aucune idée neuve, ni pour les Arts, ni encore moins pour la Philofophie ; ils

s'en retournoient souvent le cœur navré de douleur d'a-
voir vu l'état déplorable de leurs Sujets, sans avoir pu ni
su y porter aucun reméde. Quoi qu'il en soit, il est certain que ce désir de voyager pour s'instruire, annonce au
moins de belles ames dans les Souverains de l'Europe ;
ceux du Nord, sur-tout, nous en ont donné la preuve.
Si *Elisabeth* & *Catherine II* n'ont pas entrepris ces mêmes
courses hors de leurs Etats, disons qu'elles y ont bien
suppléé par leur génie, & par la magnanimité qui carac-
térise leurs Regnes.

Un Rejetton de *Pierre le Grand*, destiné à regner sur
ce vaste Empire, devoit sentir renaître dans son cœur ce
feu sacré qui anima son Bisayeul : la gloire & le bonheur des Sujets de son Auguste Mere, devoient être de
puissans motifs pour exciter son ame à produire de grandes choses à l'avenir ; & *Catherine II*, pour couronner sa
gloire, devoit se priver pendant quelque tems de l'objet qui lui est le plus cher, en permettant à son Auguste
Fils de s'éloigner pour quelques momens d'Elle, pour
aller visiter les Souverains Etrangers du Midi, s'appro-
prier les résultats des productions du Génie, qui font la
richesse de leurs Empires, en parcourant les Monumens
Publics en tous genres, qui décorent leurs Capitales ; &
pour qu'à son tour, après des courses aussi utiles, il fût
digne par la suite de soutenir la gloire & l'éclat de la

Couronne

Couronne Impériale Ruſſe , & même porter le flambeau de l'inſtruction dans des Contrées Sauvages & éloignées ; dépendantes de ſon vaſte Empire ; Contrées qui peut-être ne participeront jamais à la portion de lumiere que *Catherine* s'efforce d'y faire parvenir , parce qu'il n'appartient pas à l'Homme, tel grand qu'on le ſuppoſe , d'exécuter tout ce qu'il entreprend : en effet, ces Contrées ſont tellement éloignées de la Capitale Saint-Pétersbourg , qu'elles confinent aux Indes , à la Chine , à l'Aſie , à l'Europe & à toutes les Tartaries. Des Peuples ſi éloignés , vivant dans des climats ſi oppoſés , ſous un ciel ſi différent, avec des mœurs ſi inconciliables , exigent néceſſairement dans un Souverain des Ruſſies, qui peut , quant il lui plaît , leur dicter des Loix nouvelles, un homme dont l'ame ſoit en quelque ſorte élevée dans une Région ſupérieure à toutes les autres.

Ce Prince touche maintenant au but de la vaſte carriere qu'il a parcourue. Il a donc, pour ainſi dire, rempli & ſatisfait, à l'âge de 27 ans, à tout ce que ſa gloire & le bonheur de la Ruſſie exigeoient de lui. Toutes les Contrées qu'il a traverſées , tous les Monumens Publics & de Génie qu'il a viſités & parcourus , tous les Souverains avec leſquels il s'eſt entretenu, tous les Savans qu'il a viſités, & auxquels il a daigné accorder le titre d'ami ;

en un mot, tous les Peuples qui l'ont vu, tous, dis-je ; ont admiré les lumieres acquifes de ce Prince, fes vertus, fa noble modeftie, & fur-tout fa popularité. Il a donc emporté, de par-tout, les regrets ; & en fe faifant aimer de toutes les Puiffances qu'il a vifitées, il a confolidé à jamais les Alliances que fon Augufte Mere a faites en Europe : mais fans doute que cette Grande Princeffe ne l'avoit formé que pour cela ; tant il eft vrai que tout ce qui fort des mains des Grands Hommes, a droit d'étonner & d'exciter l'admiration & la reconnoiffance publiques !

Mais ce Prince qui s'eft fi bien annoncé en Europe, étoit déja connu dans fes Etats par une foule de traits qui préfageoient ce qu'il fera un jour.

Je penfe que le Public me faura gré d'en crayonner une légère efquiffe. *Paul Petrowitz,* Czarowitz, Grand-Duc des Ruffies & de Holftein-Gottorp, feul héritier préfomptif de l'Empire & Autocratie de toutes les Ruffies, Grand-Amiral, &c. &c. eft né à S. Péterfbourg le premier Octobre 1754, de l'Empereur *Pierre III,* alors Grand-Duc, & de *Catherine II Alexiewna,* également Grande-Ducheffe, fous le Regne d'*Elifabeth.*

L'Impératrice *Elifabeth* conçut tant de joie de la naiffance de ce Prince, fon petit-neveu, qu'elle le porta

elle-même à l'Autel pour qu'on lui adminiftrât le Baptê-
me & la Communion, fuivant le Rit Grec : la naiffance
de ce Prince opéra la même fenfation dans toutes les
Ruffies, qu'elle produit ordinairement chez la plupart
des Peuples Lettrés ; je ne dis pas une joie effrénée & li-
centieufe de Baccanales, ainfi qu'à Conftantinople lorfqu'il naît un Sultan, mais une joie pure, tranquille &
délicieufe, qui donne de l'effor au Génie, & fait paroître une multitude d'Eloges fufceptibles d'être foutenues
& caractérifés par l'harmonie. Il parut à la naiffance du
Prince du Nord, un Drame Lyrique, intitulé *Céphale &
Procris*, production qui, à quelques égards, peut avoir
autant de mérite que celles qu'on joue fur les autres
Théâtres de l'Europe.

Pierre III étant décédé, *Paul* fon fils devint auffitôt
Duc de Holftein-Gottorp, & dès-lors Souverain de
cette Contrée. En cette qualité il eft Grand-Maître de
l'Ordre de Sainte-Anne ; & dès le 9 Novembre 1762,
à l'âge de 8 ans, ce jeune Prince, par les confeils de
fon Augufte Mere, fans doute, & les avis de fon fage
Mentor, fentit de quelle importance il étoit pour lui
de récompenfer le mérite, & d'entretenir l'émulation :
ce Prince, enfant, fit une promotion de plufieurs Chevaliers de cet Ordre : il régnoit dès - lors dans cette
partie du Duché de Holftein, mais toujours fous la

Régence de l'Impératrice fa Mere. (Le Roi de Danne-marck eft Duc de l'autre partie). (1)

L'Empire de Ruffie avoit éprouvé dans l'enfance de ce Prince, les mêmes allarmes que la France dans la minorité de Louis XV. *Catherine* fa mere, fentant fes entrailles émuës, imita Louis XIII dans l'adverfité : ce Prince fit vœu de mettre fes Etats fous la Protection de la Sainte Vierge : *Catherine*, pour appaifer le Ciel qui fans doute ne vouloit que l'éprouver, fit vœu de fonder un Hôpital à Mofcou. Les malheurs des Grands, même des Empires, font des occafions dont la Providence fe fert fouvent pour les attacher plus à leurs devoirs & à leurs Peuples. Cet Empire, à l'exemple de ceux d'Afie qui l'avoifinent, ne connoiffoit point encore de tels afyles avant *Pierre Ier.* pour les humains malheureux & fouffrans. Cependant la Turquie vient d'établir depuis peu quelque Hôpitaux.

Pierre Ier. occupé uniquement à créer le moral de fon Empire, avoit oublié ces établiffemens de charité : d'ail-

---

(1) La fucceffion héréditaire eft quelquefois interrompue en Ruffie , foit par des teftamens , foit par le choix de la Nation ; mais l'ordre de fuccéder eft conftant & invariable en Allemagne : auffi *Paul Petrowitz* a fuccédé immédiatement à l'Empereur fon pere , par rapport au Duché de Holftein. Néanmoins l'ordre héréditaire en Ruffie ne fauroit être interrompu en maniere quelconque au fujet du Grand-Duc actuel ; 1°. parce que Paul-Petrowitz a été proclamé & déclaré l'unique héritier du Trône de Ruffie le 9 Juillet 1762. par le Peuple & par les Gens de guerre : 2°. parce que le ferment de fidélité fut enfuite prêté , en détail , par tous les Ruffes à la nouvelle Impératrice , ainfi qu'au Prince *Paul* , comme héritier préfomptif & unique de la Monarchie & Autocratie Ruffe.

leurs, ce Prince ne vécut pas affez pour réalifer des pro-jets de cette nature. Ils exigent des détails & des foins in-finis, qu'une adminiftration tranquille & pacifique peut feule entreprendre.

Le jeune Prince, âgé de neuf ans, parut difputer de générofité & de bienfaifance avec fon Augufte Mere : il accorda à ce nouveau Réfuge, deftiné pour les En-fans - Trouvés, vingt mille roubles, à prendre fur fon tréfor particulier. Cette fomme réunie à celle de 150 mille roubles donnés par l'Impératrice, & à une fouf-cription volontaire de la part de fes Sujets aifés, forma la dotation de ce premier Monument de Charité.

L'Impératrice, pour infpirer de bonne-heure à ce jeune Prince les vertus qui caractérifent les Grands Monarques, & pour le former dans l'art de regner, attiroit auprès d'elle par fon affabilité & par fes largeffes, les Hommes de génie les plus renommés de l'Europe. Elle favoit qu'ils font, en effet, les feuls propres à donner à l'ame d'un Souverain, la teinte & l'énernie qui lui conviennent, air'i qu'Ariflote l'avoit fait dans celle d'*Alexandre le Grand*.

Mais à peine le Prince fut-il forti des mains attentives des femmes & parvenu à l'âge de neuf ans, que *Catherine*, femblable à *Philippe* de Macédoine, n'employa point la main de fon Vifir, ou plutôt celle de fon Chancelier, pour annoncer à un Philofophe Français qu'elle avoit un fils dont elle vouloit faire un homme ; mais du haut même de fon Thrône elle reconnoît quels font les droits des Savans dans l'ordre de l'humanité & de prédilection. Elle jette les yeux fur l'un des plus grands Philofophes du Siècle, qui exifte à huit cents lieues de fon Empire. Elle prend la plume & lui annonce, non en Souveraine, mais en amie du génie & des talens fupérieurs, l'emploi éminent qu'elle voudroit lui confier (1). Mais la fanté de cet homme, plus encore que fon ftoïcifme & fon défintéreffement, l'ont forcé à refufer un honneur que mille autres Philofophes euffent été jaloux d'obtenir.

_L_ ETTRE _de Sa Majefté Impériale des Ruffies, à M. d'Alembert._

(1) « Monfieur d'Alembert, je viens de lire la réponfe que vous avez écrite au » fieur _Odart_, par laquelle vous refufez de vous tranfporter pour contribuer à l'éduca- » tion de mon fils. Philofophe comme vous êtes, je comprends qu'il ne vous coûte rien » de méprifer ce qu'on appelle grandeurs & honneurs en ce monde. A vos yeux, tout cela » eft peu de chofe, & affurément je me range de votre avis. A envifager les chofes fur » ce pied, je regarderai comme très-petite la conduite de la Reine _Chriftine_, qu'on a » tant louée & fouvent blâmée à plus jufte titre : mais être né, ou appellé pour contri- » buer au bonheur, & même à l'inftruction d'un Peuple entier, & y renoncer, c'eft » refufer, ce me femble, le bien que vous avez à cœur. Votre Philofophie eft fondée » fur l'humanité ; permettez-moi de vous dire que de ne point fe prêter à la fervir tan- » dis qu'on le peut, c'eft manquer fon but. Je vous fçais trop honnête-homme pour » attribuer votre refus à la vanité : je fçais que la caufe n'en eft que l'amour du repos » pour cultiver les Lettres & l'amitié. Mais à quoi tient il ? Venez avec tous vos » amis ; je vous promets à eux & à vous auffi, tous les agrémens & facilités qui peuvent » dépendre de moi ; & peut-être vous trouverez plus de repos & de liberté que chez vous. » Vous ne vous prêtez point aux inftances du Roi de Pruffe, & à la reconnoiffance que » vous lui devez ; mais ce Prince n'a point de fils. J'avoue que l'éducation de ce fils me » tient fi fort à cœur, & vous m'êtes fi néceffaire, que peut-être je vous preffe trop. » Pardonnez mon indifcrétion en faveur de la caufe, & foyez affuré que c'eft l'eftime » qui m'a rendue fi intéreffée. _Signé_ CATHERINE.

Catherine y suppléa par le concours d'Hommes Savans & vertueux; mais bien loin que ce refus ait refroidi, l'Impératrice, il n'a peut-être servi qu'à augmenter sa considération pour le Philosophe Français, qui a préferé de couler des jours tranquilles & paisibles dans sa Patrie, & de semer l'intérieur de sa solitude des fleurs dont se pare l'aimable Philosophie & la saine raison, à la sublime & orgueilleuse jouissance que pouvoient lui procurer des faveurs d'une grande Cour. Ce fut à peu près à cette époque, en 1762, que *Catherine* II créée Impératrice par le vœu unanime de la Nation Russe, accorda au jeune Prince son fils la Lettre de Grand-Amiral de toutes les Russies. *Gregori*, Gregowitz, Comte d'Oreloff, son Chambellan, eut l'honneur d'en présenter le Brevet au *Grand-Duc*, qui aussi-tôt le décora de son Ordre de Sainte-Anne de Holstein.

Catherine, toujours courageuse & au-dessus des préjugés puériles de sa Nation, commença à subir l'épreuve (critique à cause qu'elle avoit, à ce qu'on croit, plus de 30 ans) sur elle-même de l'inoculation, avant de la faire administrer à son fils; & ce fut le célèbre Médecin Dimsdahl, Anglois, qui fut exprès mandé de Londres : quelque tems après, *Sa Majesté Impériale* fit donc inoculer *Paul Pétrowitz* son fils, âgé de 14 ans, à la même maison de campagne, & par le même Médecin Dimsdahl, qui

fut encore appellé de Londres (1). Le Sénat en remercia
fa Souveraine au nom même de la Nation, & lui pré-
fenta douze médailles d'or dans un baffin d'argent: l'un
des côtés de ces Médailles repréfentoit le bufte de *Catherine*, & l'autre portoit cette infcription gravée au bas
du Temple de la Guérifon : *Elle a donné elle-même l'exemple.* Le 21 Novembre eft le jour aniverfaire de l'inoculation de l'Impératrice. L'enfant de qui on a pris le bouton
de matiere a été ennobli & nommé *Ofpine*, ou de la petite vérole qui fe dit en Ruffe *Ofpa*.

Le Grand-Duc, quelque tems avant fon départ pour

---

(1) Sars-Kacelo, maifon de plaifance délicieufe, à quatre lieues de Péterfbourg, fut
choifi pour cette opération : ce Château eft, dit-on, fuperbe : l'or y eft en profufion tant
en dedans qu'au dehors ; toutes les ftatues, les corniches, & autres endroits fufceptibles
de dorures, le font à l'huile. Les appartemens font meublés magnifiquement, les jardins y font à l'Angloife, dans lefquels il y a des piéces d'eau d'une grandeur prodigieu-
fe : dans le milieu de la plus grande, il y a un petit iflot, fur lequel eft élevé une colonne auftrale très-haute, ornée, par conféquent, de proues de vaiffeaux, en l'honneur
de la bataille navale de Tochefmé, & du Comte Aléxis Orlowftfchefmenski qui l'a
gagnée. Dans un autre endroit du jardin on voit une obélifque à la gloire de M. le
Comte de Romanzow, & une autre obélifque en l'honneur du Comte Féodor Orlow.

Indépendamment d'une infinité de bâtimens, felon les ufages & la bâtiffe des différentes Nations, l'Impératrice fait actuellement conftruire une maifon femblable à celle
de M. de Voltaire, qu'elle a déjà furnommée Ferney.

L'Impératrice paffe la majeure partie de l'Eté dans cette maifon de plaifance, bâtie
par *Pierre Premier*, & là elle célébre la Fête de Saint-Pierre. Cette maifon eft à 6
lieues de France de Péterfbourg, fur le bord de la mer. Les jardins & les eaux font de
la premiere beauté ; le jet-d'eau que l'on appelle *Samfon*, jette l'eau à une hauteur
étonnante, & eft regardé comme le premier jet-d'eau de l'Europe, après celui de Heffe-
Caffel : le jet-d'eau d'une maifon de Campagne à 9 lieues de Paris, (Nointel, appartenant à M. Bergeret, Receveur Général des Finances,) eft le troifieme, & celui de Saint-
Cloud le quatrieme.

fes

fes longs voyages, fit également inoculer fes deux fils, après en avoir reçu le confeil de *Catherine* fa Mère ; favoir, le Prince *Alexandre Paulowitz*, âgé de 7 ans & 3 mois, & le Prince *Conftantin Paulowitz*, qui n'avoit que 2 ans & 4 mois : l'irruption parut auffi-tôt après l'infertion, & la convalefcence la plus heureufe a confirmé le fuccès de cette expérience, qui ne fauroit trop être encouragée dans les familles craintives ; mais toutes les Puiffances de l'Europe donnant elles-mêmes l'exemple, bientôt leurs Peuples le mettront fans crainte en pratique (1).

Paul Petrowitz parvenu à l'âge de 19 ans, le 20 Octobre 1773, reçut, des mains & par le choix de fon Augufte Mere, pour époufe, la Princeffe Willemine de Heffe d'Armftadt, feconde fille du Landgrave, née Luthérien-ne, & qui avant de fe marier embraffa la Religion dominante de Ruffie. Cette Princeffe, douée de toutes les vertus de l'efprit & du cœur, de toute l'aménité & des graces de fon fexe, juftement adorée de fon Epoux & de tous ceux qui l'approchoient, âgée feulement de 21

---

(1) Nous profitons avec plaifir d'un petit Ouvrage, portant pour titre, *Effai Hiftorique fur Son Alteffe Impériale Paul Pétrowitz*, &c. qui nous indique quelques unes de ces anecdotes hiftoriques ; mais fur-tout des réflexions encore plus certaines d'un François (nommé Charpentier) qui a féjourné plus de trente-cinq ans à Saint-Péterfbourg en qualité d'Interprète des Langues, attaché à l'Académie des Sciences, & qui a compofé une Grammaire Ruffe & Françaife, très-eftimée & très-inftruftive, & qui nous a évité beaucoup de perte de tems à des recherches fouvent infruftueufes, & le plus fouvent encore incertaines, & auffi des réflexions de M. l'Abbé Delavaux, Avocat.

d

ans, mourut au printems de fon âge, après deux ans &
demi de mariage, dans les douleurs d'un accouchement
dont le fruit périt avec elle : ce coup affreux pour le
Prince fon époux , pour la Cour de Péterfbourg dont
elle étoit adorée, & même pour tout l'Empire , arriva
dans le cours de l'année 1776. (1)

Comme il falloit affurer au Trône de l'Empire des
Ruffies une fuite conftante d'héritier , le défir de la Nation engagea le Prince veuf à choifir dans l'Empire
d'Allemagne une feconde Princeffe pour compagne ; &
dès le 28 Septembre 1776 , il époufa à Pétersbourg
Marie Frederowna de Wurtemberg , alors Luthérienne ,
âgée de 16 ans 11 mois, l'une des plus belles & des plus
accomplies Princeffes de l'Allemagne , & peut - être la
plus érudite fur tous les objets poffibles. Avant fon mariage on fit la cérémonie ufitée à Pétersbourg, c'eft-à-
dire, qu'on lui fit abjurer le Luthéranifme dans la Cha-
pelle Impériale, le 16 Septembre 1776 ; elle fit fa Pro-
feffion de Foi, felon le Rit Grec, entre les mains de l'Archevêque ou Patriarche de cette Capitale de l'Empire.

---

(1) Au mois de Mars 1780 , le Prince & la Princeffe héréditaire de *Heffe d'Armftadt* ,
frere de feu *la Grande-Ducheffe des Ruffies*, étant à Paris , voulurent bien honnorer de
leur préfence le domicile de l'Auteur, pour y voir le Tableau repréfentant le Monument à la gloire de *Catherine II*, & même y accepterent un repas du foir, où furent
également invitées la *Princeffe Charlotte* , fœur de la Princeffe héréditaire , & feu
Madame la *Comteffe de L'inange* leur tante , avec plufieurs Seigneurs Etrangers & François.

L'abjuration faite, la Princesse communia pour la première fois sous les deux espèces, des mains de l'Archevêque de Moskow : ces préliminaires achevés, on procéda le 28 du même mois au mariage. Cette Princesse qui a tant excité nos respects & nos regrets , est la quatrieme Princesse de ce siecle, que l'Empire des Russies ait choisie en Allemagne (1).

Qu'il nous soit permis de dire ici que les Princes Chrétiens, vû les différentes Sectes qui se sont formées dans la Religion, sont souvent embarrassés pour leurs alliances, à cause de l'étiquette d'après laquelle ils ne croyent point, à l'exemple des Princes des autres Religions , pouvoir contracter alliance avec les filles des Princes leurs Sujets, & leur donner respectivement les leurs : peut-être seroit-il plus sage, pour empêcher ces embarras & ces abjurations, de suivre l'exemple des Princes nés dans d'autres Religions. Le Peuple ne demande que des rejettons de ses Souverains , & ne désire jamais qu'on gêne les consciences. La Maison de Wurtemberg est une des plus illustres & des plus anciennes d'Allemagne ; on conjecture qu'elle tire son origine d'*Everhard* , Grand-

---

(1) La premiere fut *Charlotte - Christine - Sophie de Brunswick* , qui épousa en 1711 *Alexis Pétrowitz* ; la seconde est l'Impératrice Régnante ; la troisieme est *Natalie-Alexiowna de Hesse d'Armstadt* , précédente épouse du Grand - Duc ; & la quatrieme enfin , *Marie-Foederowna de Wurtemberg*.

Maître de la Maison de Charlemagne. Le Duc Regnant de Wurtemberg est Grand-Veneur de l'Empire : si l'Empereur commande ses Armées en personne, alors le Duc a droit, comme Comte de Groningue, de porter la Cornette Impériale, qui est attachée à son Comté. Cette Maison est, d'ailleurs, suivant le bruit public, destinée à occuper la neuvieme place dans le Collége Electoral, éteinte par la mort du dernier Duc Electeur de Baviere, & dès-lors elle joue le rôle le plus important en Allemagne.

Le Duc de Wurtemberg regnant, oncle de la Grande-Duchesse des Russies, étant venu à Paris, s'y est montré digne d'avoir pour fille une telle Princesse : on ne peut être plus instruit dans toutes les connoissances qui caractérisent le Politique & le Savant, l'Homme de goût, l'Homme aimable, que ne s'est fait voir, parmi nous, ce Prince plein d'urbanité.

Paul Petrowitz, Grand-Duc des Russies, descend de l'Illustre Maison d'Oldenbourg, dans laquelle celle de Holstein dont il porte le nom, s'est fondue ; & par les femmes, en ligne droite de l'Empereur *Pierre premier* son Bisayeul, & de *Catherine premiere*. Dans la derniere des trois Dinasties Russes, l'on compte jusqu'à ce jour huit ascendans de ce Prince qui ont porté ou portent encore la Couronne de Russie. Le premier fut *Michel*, Chef de la derniere Dinaſtie, mort en 1645 ; le ſecond, *Alexis*, mort en 1676 : il envoya au Sophi, fils d'*Abas-le-Grand*, Roi de Perſe, des Ambaſſadeurs pour demander le rétabliſſement de *Taimouraskan* ſur le Trône de la Géorgie : le Sophi eut la cruauté de faire noyer ce Prince dès qu'il apprit l'entrée des Ambaſſadeurs du Grand-Duc dans ſes Etats. Le troiſieme, *Pierre premier*, dit *le Grand*, mort en 1725, après avoir combattu & vaincu *Charles XII*, Roi de Suede : le quatrieme, *Catherine premiere*, morte en 1727, ſœur du Czar, Religieuſe de l'Ordre de Saint Baſile; le cinquieme, *Pierre II*; le ſixieme, *Eliſabeth*; le ſeptieme, *Pierre III*; & le huitieme, *Catherine II*, actuellement Regnante.

Depuis un an, ou environ, Leurs Alteſſes Impériales des Ruſſies, pour répondre aux vues de l'Impératrice *Catherine* II. leur Auguſte Mere, voyagent dans le Midi de l'Europe pour s'y former, par l'expérience, dans l'art de connoître les hommes, & de ſavoir par la ſuite les gouverner, ſelon leurs mœurs, leurs climats, & leur procurer tout ce qui pourra contribuer à leur bonheur. Quoique par leur rang ſuprême ils puſſent annoncer dans leurs voyages la plus grande repréſentation, ils préferent cependant de ne paroître dans les Cours Etrangeres qu'en ſimples particuliers, pour éviter de la part des Souverains & de leurs Peuples qu'ils viſitent, toute eſpèce d'honneurs trop marqués ; mais les Souverains & leurs Capitales, jaloux de déployer leur magnificence aux yeux de ces Illuſtres Etrangers, s'empreſſent tour à tour de leur rendre tous les honneurs dûs aux Princes Etrangers, & plus encore à ceux qui ont la noble modeſtie de diſſimuler leur grandeur.

Diſons ici un mot du rang que tient aujourd'hui l'Empire des Ruſſies dans les autres Cours Souveraines.

Vers le commencement de 1763, *Catherine II*, reconnue pour Impératrice, ſembla faire quelques difficultés de renouveller la Reverſale donnée par *Pierre* III ſon époux, & précédemment par *Eliſabeth*, touchant le titre Impérial. Le Baron de Breteuil, Ambaſſadeur de *Louis XV* en Ruſſie, reſta quelque tems ſans avoir audience & ſans remettre ſes Lettres de Créance ; mais *Catherine* II & *Louis XV.* ayant donné chacun leur déclaration, toute difficulté fut levée.

Le titre d'Empereur que *Pierre le Grand* prit en quittant celui de Grand-Duc de Moſcovie, appartient depuis long-tems au Souverain, à la Couronne de la Ruſſie; ce titre ne ſe donne, pour l'ordinaire, qu'aux Princes qui poſſédent de grands Etats : le Roi de France même eſt qualifié à Conſtantinople d'Empereur des Chrétiens.

On ſait qu'avant *Pierre le Grand*, la Ruſſie n'étoit pas auſſi étendue qu'aujourd'hui, & que le Turc qui tenoit le Kan des Tartares de la Crimée fous fa domination, fe prétendoit Empereur de toute la Tartarie vers le Nord. *Pierre le Grand* ayant extrêmement étendu fon Empire, a pu prendre le titre d'Empereur. *Catherine,* par fa Déclaration, en renouvellant la Reverfale, a reconnu que le titre Impérial lui appartenoit depuis long-tems à perpétuité : » Néanmoins pour fe conformer à la Déclaration » de *Pierre le Grand*, elle confent que ce titre n'appor» tera aucun changement au Cérémonial ufité dans les » deux Cours , & reftera toujours fur le même pied. » Fait à Moskow, le 21 Novembre 1762. *Signé* Voron» zoff, Grand Chancelier des Ruffies.

Cette Déclaration fut notifiée par les ordres de *Catherine* II à tous les Miniftres Étrangers : enforte que ce n'eft-là qu'un arrangement de pure politique. Il paroît, d'après tout cet expofé , qu'il n'y avoit point de difficulté fur le titre , mais feulement fur le cérémonial. (1)

Il femble encore, d'après ce principe, que *Pierre* Ier. & fes fucceffeurs jufqu'à l'Impératrice *Elifabeth*, n'ont eu en France d'autre dénomination que celle de Czars ; *Elifabeth* eft même la premiere que le Roi de France ait

---

» (1) Elle reconnoît que c'eft par amitié & par une attention toute particuliere du » Roi pour Elle, que Sa Majefté de France à condefcendu à la reconnoiffance du titre Impérial que d'autres Puiffances lui ont deja concédé, & Elle avoue que cette complaifance du Roi lui eft très-agréable.

nommée Impératrice ; mais fans que cela ait pu changer le cérémonial ufité dans les Cours. Cette Princeffe y confentit d'autant plus volontiers , que la France avoit contribué à fon Couronnement ; Elle y acquiefça par fa Reverfale de 1745 (1) : c'eft aux mêmes conditions qu'en 1762 , le 18 Janvier , *Louis XV* donna cette qualité à *Catherine* II , après la mort de *Pierre* III.

L'on peut conclure d'après cet expofé, que fi M. le Comte & Madame la Comteffe du Nord euffent voyagé fans déguifement , la Cour de France les eût qualifiés des titres d'Alteffes Impériales des Ruffies : au furplus, on leur en a rendu tous les honneurs (2).

---

(1) Reverfale eft un Acte Diplomatique , par lequel un Prince déclare que ce qui s'eft fait ou fe fera pour certaines confidérations , & dans un cas particulier , ne tirera point à conféquence & ne fauroit nuire aux régles générales.

Coup-d'œil fur la Généalogie de la Maifon Regnante en Ruffie.

(2) La très-illuftre Famille de *Romanow* regne depuis l'an 1613 , que *Michel-Fedo-rowitch Romanow* fut élu Czar par les Etats , le 11 de Février ; il eut en premier ma-riage la Princeffe *Marie-Waldimirowna Dolgorouky* , qui mourut l'an 1626 , & en fe-cond *Eudocie-Loukiaowna Strechnew*. Son fils , le Prince *Alexey Michaitowitch* , né l'an 1630, lui fuccéda l'an 1645 : il eut de fa premiere époufe *Marie-Jlúnichnna Mi-loflawsky* , cinq Princes & fept Princeffes ; & de la feconde, *Natalie-Kirilowna Narich-kin* , un Prince & une Princeffe. *Fedor Alexeewitch* , fon fils aîné , lui fuccéda à l'âge de 14 ans ; il eut deux époufes : *Agaphie-Semenowna Grouchetsky* , Dame Polonaife, fut la premiere , & mourut en couche ; & *Marfa-Malweewna Apraxin* , la feconde ; il mou-rut fans enfans l'an 1682 , le 27 d'Avril , ayant nommé fucceffeur fon frere cadet *Pierre Alexeewitch*. Cette fucceffion lui fut difputée par une révolte qui dura depuis le 15 de Mai jufqu'au 18 , que *Jean Alexeewitch* , né du premier mariage , & *Pierre Alexeewitch* , furent déclarés Czars , & *Sophie Alexeewna* Co-Régente. Les deux Czars furent cou-

Telles

Telles font les réflexions préliminaires que j'ai cru devoir expofer à mes Lecteurs, avant de rendre compte de tout ce qu'a entrepris & exécuté dans fes vaftes Etats *Catherine II*, Impératrice des Ruffies, pour le bonheur de

---

ronnés le 25 de Juin de la même année. Le Czar *Jean Alexeewitch* mourut l'an 1696, le 29 Janvier, & laiffa de fon époufe, *Prafcovie-Federowna Saltikouy*, trois Princeffes, favoir, *Catherina Iwanowna*, *Anna Iwanowna*, & *Prafcovia Iwanowna*. Le Czar *Pierre Alexeewitch* ayant époufé l'an 1689 *Eudocie-Federowna Lapoughin*, en eut l'an 1690 un Prince nommé *Alexey Pettrowitch*, & refta feul maître du Trône après la mort de fon frere, le Czar *Jean Alexeewitch*, & la retraite de fa fœur la Princeffe *Sophie Alexeewna* ; il époufa en fecondes nôces, l'an 1712, *Catherina Alexeewna*, & la couronna lui-même l'an 1724 : il en eut un Prince & deux Princeffes, favoir, *Pierre Petrowitch* mort l'an 1719, *Anna Petrowna* & *Elifabeth Petrowna*. A l'Empereur *Pierre le Grand* fucceda *Catherine Alexeewna* fon époufe l'an 1725, au mois de Janvier ; elle maria fa fille *Anna Petrowna* la même année avec *Charles Frédéric*, Duc de Holftein : l'Empereur *Pierre II*, fils du Czarewitch, *Alexey Petrowitch*, & de *Charlotte-Chriftine Sophie*, Princeffe de Brunfwick-Wolfenbutel, fœur de l'Impératrice Romaine. *Elifabeth* fuccéda à l'Impératrice *Catherine I*, l'an 1727, & fut couronnée à Mofcou l'an 1728. L'Impératrice *Anna Iwanowna*, la fille puînée du *Czar Jean Alexeewitch*, & de *Prafcovie Fedorowna* de *Saltikow*, veuve de *Frédéric Guillaume*, Duc de Courlande, fuccéda l'an 1730 à l'Empereur *Pierre II* ; elle maria l'an 1739 fa niece, la Princeffe *Anne*, fille de la Princeffe Impériale *Catherine Iwanowna*, & de *Charles Léopold*, Duc de Meklenbourg, avec *Antoine Ulric*, Duc de Brunfwick, & déclara le Prince *Jean*, né de ce mariage, fon héritier l'an 1740, le 5 d'Octobre, & mourut le 17 du même mois. On proclama le lendemain le Prince *Jean*, Empereur de toutes les Ruffies, & le Duc de Courlande, *Ernefte Biron*, Régent ou Adminiftrateur. La Princeffe *Anne*, mere du jeune Prince, fut nommée Régente le 10 de Novembre de la même année. *Elifabeth Petrowna*, enfin, la plus proche héritiere du Trône, étant la propre fille de *Pierre le Grand*, rentra dans fes droits, & monta fur le Trône Paternel le 25 de Novembre l'an 1741. Elle nomma l'an 1741, le 7 de Novembre, fon neveu, *Pierre Fedorowitch*, fils de fa fœur *Anna Petrowna*, Ducheffe de Holftein, Grand-Duc, & fon fucceffeur : l'Empereur *Pierre III* monta fur le Trône l'an 1761, le 25 de Décembre, & mourut l'an 1761. *Catherine II* fon époufe, la *Grande* & la *Sage*, lui fuccéda, & fe fit couronner le 22 Septembre de la même année, *vraie Mere de la Patrie*, les délices & le bonheur de fon Peuple qui lui a donné ce beau titre.

e

fes Peuples, & par conféquent pour fa gloire perfon-
nelle. Cet Eloge, mérité à tous les titres, eft précédé de
Réflexions hiftoriques fur les divers genres de Monumens publics dont les uns ont été élevés à la gloire des

Quant aux Armoiries de l'Empire des Ruffies, elles font à peu de chofe près les
mêmes que celles de l'Empire d'Allemagne, avec cette différence cependant, que
dans celles des Ruffies, il y a un Saint Georges à cheval fur la poitrine de l'aigle, &
perçant de fa lance un dragon à deux têtes couronnées ; une Couronne Impériale cou-
vre les deux autres Couronnes auxquelles elle eft attachée par un ruban. L'on croit
communément que les Czars Ruffes ont pris cet aigle à double tête, parce que plufieurs
d'entr'eux avoient époufé des Princeffes Grecques ; tel, par exemple, le Grand-Duc
Waldimir I, qui avoit époufé *Anne*, fœur de *Conftantin VII*. Le Saint Georges n'a d'autre origine, fans doute, que le refpeét & la vénération qu'on a dans le Nord pour Saint
Georges, qui eft le Patron de plufieurs petits Royaumes voifins de la Mofcovie, tels
que la Mingrélie, L... L... la Géorgie, L... qui font tous Chrétiens, avec des Rit-
particuliers, vivant indépendans, fans communion ni avec les Schifmatiques, ni avec
les Catholiques. Ce Saint Georges prouveroit affez ce qu'a avancé Voltaire, que le Patriarche de Mofcovie étoit anciennement le feul Souverain du Pays.
. Mais ces Peuples depuis la deftruétion de l'Empire Romain & l'invafion des Turcs,
qui a fait ceffer la communication avec les Peuples de la Mer Noire, ont vécu dans une
trop profonde ignorance, pour qu'on puiffe parvenir à vérifier ce fait au fond bien important pour l'Hiftoire de l'Empire des Ruffies ; fans doute que MM. des Académies
des Sciences de Pétersbourg s'en occupent. On peut dire feulement que dans ces petits
Royaumes voifins, les Catholicos ou . . . . y étoient extrêmement puiffans, même dans
le dernier fiecle.
Les Souverains de Ruffie depuis 870, c'eft-à-dire, depuis *Rurick* jufqu'à *Waldomir*,
qui le premier fe fit Chrétien vers 987, n'ont eu d'autres qualités que celle de Prince
depuis *Waldomir* jufqu'à *Ivan IV*, qui monta fur le Trône en 1524. Ils ont porté le nom
de *Grands-Ducs*, quoiqu'en Perfe ils le portent peut-être encore ; & depuis *Ivan* (1),

(1) *Iwan IV*. dont il eft ici queftion, eft le plus grand de tous les Monarques, qui ont porté la
Couronne Mofcovite avant *Pierre I*. Le regne d'*Iwan* fut un mélange de grandeur & de barbarie ; l'on
rapporte de lui un trait fameux. L'Ambaffadeur d'un Prince d'Italie s'étant couvert en fa préfence,
il lui fit clouer fon chapeau fur la tête. Cet exemple n'effraya point *Jérôme de Bofe*, Ambaffadeur de
la Reine d'Angleterre ; il ofa mettre fon chapeau devant le Czar. Ignores-tu, lui dit le Monarque,
de quelle manière j'ai puni, dans ton femblable, une pareille audace ? Je le fais, répondit généreu-

Princes & des Grands Hommes qui s'en étoient rendus dignes par leurs vertus & leurs actions ; les autres par la crainte, la flatterie ou le fanatisme des Courtisans & des Peuples qui en consacrerent souvent à des Princes tyrans qu'ils craignoient.

qui le premier se fit appeller *Czar* ou *Tzar*, ils ont porté ce titre jusqu'à *Pierre le Grand*, salué Empereur par l'Ambassadeur d'Angleterre en 1710, & qui se qualifia ainsi à Paris en 1721. Depuis cette époque le titre d'Empereur est par toute l'Europe donné aux Princes Souverains des Russies, & la France, au moyen des Reversales, reconnoît cette qualité inhérente au Trône Russe.

Chaque Souverain est Législateur en Russie; mais comme la plupart des Loix sont dispersées, nous ne remarquerons que celles qui sont venues jusqu'à nous, & leurs Auteurs selon l'ordre Chronologique, depuis l'établissement de la Monarchie jusqu'à présent. Ces Législateurs sont les Grands-Ducs : *I*) *Yaroslaw I, Wladimirovitch* & *II*) *Isa Slaw Yaroslavowitch*, dont nous avons des Loix très-anciennes, c'est-à-dire, de l'onzieme siècle, nommées *Prawla Rouscaïa*, qui sont tirées des Annales de Novogorod & imprimées à St- Petersbourg, l'an 1767, *III*) le Czar *Ivan Basiliewitch*, dont nous avons un Code de Loix, nommé *Soudebnic*, qui fut composé l'an $\frac{7062}{1554}$. Il est imprimé à Moscou, l'an 1768. *IV*) Le Czar *Alexey Mighailowitch*, dont nous avons un Code de Loix, nommé *Oulochenié*, qui fut imprimé à Moscou l'an $\frac{2156}{1648}$. La deuxieme édition se fit à Saint Pétersbourg l'an 1737. Ce Souverain commença aussi à se servir des troupes régulières l'an $\frac{2156}{1648}$, & leur donna plusieurs Réglemens Militaires. *V*) L'Empereur *Pierre le Grand*, dont nous avons plusieurs Codes, comme sont : 1) Le Code Militaire qui fut achevé à *Dantzig*, l'an 1716, le 30 de Mars; on en a plusieurs éditions ; celle de l'an 1753 est en Allemand & Russe. 2) Les articles de guerre avec la forme des Procès Militaires & les exercices, dont on a aussi plusieurs éditions. Celles de l'an 1755 & 1756, sont en Russe & en Allemand, 3) Le Code Maritime de l'an 1710. La troisième édition est de l'an 1763. 4) Le Réglement de l'Amirauté, la deuxieme édition est de l'an 1764. 5) Le Réglement de Marine. 6) Le Réglement Ecclésiastique de l'an 1711, du 14 de Février, réimprimé l'an 1766 dans l'Imprimerie Synodale de Moscou.

sement de *Bose* ; mais je suis l'Ambassadeur d'une Reine qui a toujours la tête couverte & qui saura bien se venger si l'on outrage son Ministre. Voilà un brave homme, s'écria le Czar en se retournant vers ses Courtisans, d'oser agir & parler ainsi pour les intérêts de sa Souveraine ! Qui de vous autres feroit la même chose pour moi ?

e ij

Nous difons enfuite combien il eft utile aux Princes qui voyagent pour s'inftruire, de parcourir tous les divers Monumens qui en quelque forte feront pour eux des leçons vivantes & inftructives.

7) Le Réglement général pour tous les Colléges. La troifiéme édition eft de l'an 1735. 8) Le Réglement du Magiftrat de l'an 1721, du 16 de Janvier. La deuxième édition eft de l'an 174;. 9) Le Réglement du Collége des Manufactures du 3 de Décembre de l'an 1723, & 10) le Réglement du Collége des Mines du 10 de Décembre, l'an 1719, imprimé à Saint Pétersbourg l'an 1721 &c. VI) l'Empereur *Pierre II.* qui nous a donné le Code Cambial de l'an 1729, le 11 de Mai. Il y en a plufieurs éditions ; celle de Mofcou de l'an 1768 eft en Ruffe, Allemand & Latin. VII. L'Impératrice *Anna Ivanowna*, qui a fait imprimer toutes les Loix de *Pierre I*, depuis l'an 1714 jufqu'à l'an 1715. Il n'y en a qu'une édition faite l'an 1739 à Saint Pétersbourg. On a encore de cette grande Princeffe : 1) un Réglement de Marine pour la Douane, avec un Traité de Salutation entre la Ruffie & le Dannemarck de l'an 1730, le 30 d'Octobre. L'édition de l'an 1731 de Saint Pétersbourg eft en Ruffe & Allemand, 2) le Tarif des marchandifes, qui fortent & qui entrent, eft auffi imprimé à Mofcou, l'an 1731; dans l'Imprimerie du Sénat, 3) Le Réglement du Corps des Cadets de la Milice de terre, &c. On y doit joindre, 1) le Traité entre *Sa Majefté Impériale* de toutes les Ruffies & le *Chagh* de Perfe, conclu à Retché, dans la Province de *Guilan*, le 21 de Janvier l'an 1732, imprimé à Saint Pétershourg en Ruffe & en Allemand, 2) le Traité d'Amitié & de Commerce entre l'Empire de toutes les Ruffies & la Couronne de la Grande-Bretagne, conclu à Saint Pétersbourg le 2 de Décembre, l'an 1734. VIII) L'Impératrice *Elifabeth Petrowna*, qui a fait imprimer les Loix de l'Impératrice *Catherine I*, & de *Pierre II*, depuis l'an 1715 jufqu'à l'an 1730. Il n'y en a qu'une édition faite l'an 1743 à Saint Pétersbourg. IX) L'Empereur *Pierre III* qui a donné la liberté à la Nobleffe Ruffe par une Sanction du 18 de Février, & un Etat avec une inftruction à là Faculté de Médecine, du 28 du même mois, l'an 1762. C'eft dommage qu'on n'a pas la fuite des Loix émanées depuis l'an 1730 jufqu'à l'illuftre regne de *Catherine II*, dont nous avons déja, 1) les Codes des Loix qu'Elle a données Elle-même depuis l'an 1762 jufqu'à l'an 1764, en trois volumes. Le premier contient toutes les Loix émanées depuis le 28 de Juin de l'an 1762, jufqu'à l'an 1763, imprimé la même année à Mofcou dans l'Imprimerie du Sénat. Le deuxieme renferme les Loix publiées depuis le premier de Janvier de l'an 1763, jufqu'au premier Juillet de la même année, imprimé à Saint Pétersbourg l'an 1764, dans l'Imprimerie du Sénat. Le

Enfin, ce Difcours eft terminé par la Defcription d'un Monument public & projetté pour être élevé à peu près au centre de la Capitale des Ruffies, Saint-Pétersbourg, fur les bords des fuperbes quais qui contiennent la Newa, fleuve rapide & large qui traverfe la Ville. Ce Monument préfente un Temple majeftueux, au centre duquel l'on apperçoit *Catherine* II environnée d'une infinité de Groupes allégoriques aux vertus & aux talens fupérieurs de la Souveraine, & forment une forte de Poëme mis en action.

Un deuxieme Difcours préfente le Tableau de tout ce

---

troifieme comprend toutes les Loix données depuis le premier de Juillet jufqu'à l'an 1764, imprimé à S. Pétersbourg, l'an 1767, dans l'Imprimerie du Sénat : 1) Un Réglement de Marine de l'an 1765, imprimé à S. Pétersbourg l'an 1766, dans l'Imprimerie du Corps des Cadets de la Marine ; 3) l'Inftruction pour la Commiffion chargée de dreffer le projet d'un nouveau Code de Loix, donnée au jour de l'an 1756, le 14 de Décembre. Il y en a plufieurs éditions en Ruffe, en Latin, en François, en Italien, en Allemand, & même en Grec ; 4) le plan général de la Maifon des Enfans Trouvés de l'an 1763, du premier de Septembre, imprimé à Saint Pétersbourg la même année; 5) l'État Civil pour le Sénat dirigent & tous les Colléges de l'an 1763, du 15 de Décembre, imprimé à Saint Pétersbourg la même année ; 6) l'État Eccléfiaftique de l'an 1764, du 26 de Février, imprimé à Saint Pétersbourg la même année ; 7) le Réglement d'Education pour deux cens Demoifelles, tirées de la Nobleffe, imprimé à Saint Pétersbourg l'an 1764 ; 8) le Réglement du Corps des Cadets pour la Milice de terre, imprimé à Saint Pétersbourg l'an 1766, dans l'Imprimerie du même Corps; 9) les Priviléges & le Réglement de l'Académie des Arts, du 4 de Novembre, l'an 1764, imprimé dans l'Imprimerie du Sénat à Saint Pétersbourg ; 10) l'État du Collége de l'Amirauté & de fes dépendances, du 11 de Février l'an 1764 ; 11) l'État de la Flotte du 5 de Septembre l'an 1764 ; 12) l'Inftruction du Collége de Médecine de l'an 1763, 13) celles des Colonels de l'Infanterie de l'an 1764, & 14) celle des Géometres de l'an 1766, &c.

qui s'eſt paſſé en France, au ſujet des voyages qu'y ont
faits, ſous le regne dernier & celui-ci, les Princes Souverains, *Pierre I*, Empereur des Ruſſies ; *les Princes de Suede* aujourd'hui regnants ; le Roi *de Dannemarck* ; l'Empereur *Joſeph II* ; enfin, *Leurs Alteſſes Impériales des Ruſſies*
ſous les noms & titres *de Comte & de Comteſſe du Nord*.
Puiſſe leur exemple ſervir de modèle aux autres Princes & Souverains du Monde, qui voudront s'inſtruire
dans l'art de regner, & ſe mettre de plus en plus à portée
de rendre leurs Peuples heureux !

F I N D E L'I N T R O D U C T I O N.

DISCOURS

DISCOURS

A MESSIEURS

DE L'ACADÉMIE IMPÉRIALE

DES SCIENCES

DE PÉTERSBOURG.

MESSIEURS,

Si votre Inftitution eut pour objet de porter de nouvelles lumieres dans l'Hiftoire & les Belles-Lettres, de rétablir les textes altérés par l'ignorance des Copiftes ou des Interprètes, d'éclaircir ceux qui font obfcurs, enfin de peindre, mais de la maniere la plus énergique, les exploits ou les faits qu'il importe de confacrer à l'immortalité ; elle n'a pas eu moins la prérogative de perpétuer la mémoire des événemens importans, d'expliquer les reftes précieux de l'Antiquité, de célébrer les triomphes de fes Souverains, de tranfmettre à la poftérité les actions héroïques, celles de leur bienfaifance, de faire fentir aux peuples la fageffe & l'utilité de leurs Codes de légiflation en les leur faifant aimer ; enfin de chanter leur gloire, en la confignant à jamais dans les précieux dépôts de vos favantes productions.

Vous le favez, MM. lorfqu'il s'agit de tranfmettre aux fiécles futurs les vertus & les actions des grands Souverains, on ne le peut qu'avec le fecours de l'Hiftoire & ceux des Monumens

A

publics. Les uns & les autres de ces moyens font également
durables; mais peut-être les derniers ont-ils des avantages fupérieurs, en ce qu'ils font mieux apperçus, plus fortement fentis
du général des hommes, & par conféquent bien plus utiles.

En effet, les Monumens fixés dans les Places Publiques ne fem-
blent-ils pas avoir un double avantage en parlant aux yeux de
tous les fpectateurs fans diftinction, & en les occupant d'une maniere inftructive, par conféquent utile, puifqu'elle frappe leur vue
& leur rappelle fans ceffe les actions héroïques & les traits de
bienfaifance de leurs anciens Maîtres.

Les plus anciens Peuples connus fur le Globe ont confacré à la
mémoire de leurs Souverains des Monumens divers dans leurs
villes, pour perpétuer parmi eux les actions généreufes ou les
triomphes de ces Princes chéris. Les uns commencerent par
élever dans les Places publiques des Pyramides, des Obélifques
ou Colonnes, en chargerent les bazes d'infcriptions, de chiffres,
d'attributs analogues aux tems, aux circonflances, & même
d'hiéroglyphes, fans toutefois y placer aucune image du Héros
qu'on eut intention de célébrer.

D'autres conftruifirent des Temples à la mémoire des Princes
ou même des grands Perfonnages qui furent les bienfaiteurs de
leur Patrie : ils érigerent dans l'intérieur de ces édifices, qu'ils
regardoient en quelque forte comme facrés, des Autels ornés
d'attributs qui retraçoient leurs actions de valeur, de juftice &
de bienfaifance : fouvent même la poftérité les regarda comme
des Dieux Tutélaires qu'elle honora long-tems.

Une infinité de peuples décorerent feulement les entrées de
leurs villes d'Arcs de Triomphe, faifant allufion allégorique au
regne de leur dernier Souverain, qu'ils affimiloient fouvent avec
leurs Dieux mêmes.

Le plus grand nombre érigea, par la fuite, des Statues aux grands Hommes de la Nation, & les plaça ou fur les voies publiques ou à côté même de leurs tombeaux : pour toute infcription, le nom feul du Héros étoit gravé fur le focle. Denis d'Halicarnaffe & une infinité d'autres Auteurs Grecs, qui les premiers exercerent avec le plus grand fuccès l'Art Statuaire & celui de la Peinture, déclarent qu'ils n'eurent d'abord d'autre intention que d'exprimer les traits & les caractères des grands Hommes, leurs Héros, pour conferver parmi eux le fouvenir de leurs actions.

Ce Peuple habitant un climat tempéré, favorifé de la Nature par un fol fertile dont les productions de toutes les efpèces tant animées que végétales, étoient belles, falubres & abondantes, fembloit, en quelque forte, participer aux avantages que cette région favorifée des plus douces influences du Ciel lui procuroit, en ne préfentant aux Artiftes Statuaires que des modèles parfaits en tout genre : auffi vit-on, dans cette contrée heureufe, les Arts s'élever rapidement au plus haut degré de perfection : femblables à ces plantes qui n'attendent pour fructifier qu'un terroir qui leur foit propre. Difons encore que la Liberté affife fur le Trône des Rois qui gouvernoient leurs Sujets plutôt en Peres qu'en Maîtres, favorifa chez ce peuple le goût pour les Beaux Arts.

Tout ce qui étoit Monument public devenoit facré pour les Grecs, & rien n'étoit épargné pour l'embellir : à Athènes le Pyrée (1), le Céramique (2), le Pécyle, le Prytanée, le Portique

---

(1) *Le Pyrée*, port qui contenoit aifément 400 vaiffeaux ; il réuniffoit à la commodité, la plus grande fûreté, étant renfermé dans une enceinte de murailles de deux mille pas, qui fe joignoit aux murs de la Ville.

(2) Suidas rapporte que hors des murs d'Athènes, il y avoit un vafte efpace appellé *Céramique*, où ceux qui avoient été tués au fervice de la Patrie étoient inhumés aux

le Lycée, les places & les chemins publics offroient à chaque pas
les flatues des Dieux, celles des Héros, ou les tombeaux des
grands Hommes.

Les Romains, vainqueurs de ces Grecs fi célèbres, qui furent
toujours leurs modèles & leurs maîtres dans la carriere des Arts,
nés foldats, ne connoiffoient d'autres fentimens que l'amour de
la gloire & de la Patrie, ni d'autre fupériorité que celle des
armes. Ce peuple uniquement guerrier étoit donc peu fufceptible
de ces combinaifons, de ces opérations fines de l'efprit, de cette
adreffe de la main qu'exigent les Arts de goût ; auffi le plus
grand honneur qu'on décernât aux Héros des premiers tems de
Rome, fut-il fimplement une colonne fouvent tronquée, fur laquelle leurs noms étoient empreints. Ce ne fut même qu'un fiecle
après la conquête de la Grèce, que les atteliers des Statuaires à
Rome commencerent à être garnis de leurs propres travaux, mais
toujours exécutés d'après les beaux modèles qu'ils avoient em-
portés par droit de conquête d'Athènes, de *Syracufe*, d'*Ambra-
cia*, de Thèbes, de Sparte, de Mycènes & autres villes. Toutes
les flatues qu'on vit à Rome avant qu'elle n'eût porté fes armes
dans la Grèce, étoient les ouvrages d'Artiftes Etrufques : telle fut,
par exemple, celle du grand Apollon, de bronze, faite après la
victoire de Spurius Carvillus fur les Samnites, l'an 461 de Rome, & qui fut placée depuis dans le Temple d'Augufte.

Chaque fiécle, chaque peuple, ainfi que nous venons de l'obferver, a eu fur l'objet des Monumens fes intentions, fes principes, fes formes & fes ufages. Les Egyptiens, les Chinois

---

frais de la République qui honoroit le lieu de la fépulture d'une tombe fur laquelle on
gravoit une infcription qui faifoit connoître le perfonnage & les actions qui lui avoient
mérité cette diftinction.

même, les Grecs, & fur-tout les Romains, enrichirent leur pays d'une fi grande quantité de ces fabriques en tous genres, que malgré le laps des fiécles, les révolutions des tems & des peuples, il en refte prodigieufement encore de confervés dans toute leur beauté, & qui fuffifent pour nous fervir de modèle dans les Arts.

Si nous jettons un regard fur l'Europe moderne, & que nous parcourions l'intervalle immenfe des années qui fe font écoulées depuis la fondation des Empires jufqu'au tems préfent, nous ne verrons point qu'il fe foit élevé, dans aucune contrée, de Monument public tant foit peu recommandable à la gloire d'aucun Prince, jufqu'au quinzieme fiécle, époque à-peu-près de la renaiffance des Lettres & des principes du bon goût dans la partie des Arts. La Suede eft peut-être le Royaume qui nous fournit les plus belles & les plus anciennes fabriques dans les fiécles éloignés.

L'exercice de la Religion Chrétienne femble en quelque forte avoir profcrit toutes autres efpèces de conftructions étrangeres à fon culte; c'eft vraifemblablement la raifon pour laquelle nous voyons le grand nombre de Bafiliques anciennes dont la conftruction ne fert qu'à nous rappeller la barbarie des fiécles d'ignorance, le goût bifarre de l'Architecture Gothique & de la Sculpture dont les édifices font couverts, & pour ainfi dire enveloppés par une multitude de ftatues & d'ornemens, tous d'une fabrique lourde & groffière, éloignés de toutes les proportions que préfente la belle nature, fans aucune expreffion, & qui en un mot nous confirment que le génie de l'homme étoit, dans les premiers tems de la Chrétienneté, abfolument éloigné des premieres regles du beau, regles qui feules peuvent conduire au grand, fur-tout au vrai, qui n'eft qu'un dans tous les genres

La crainte & la flatterie ont fouvent confacré des Monumens publics à l'orgueil des Tyrans ; mais c'eft en s'éloignant du but moral de cette louable inftitution, qu'on a fans doute perverti l'intention des vrais Citoyens, qui voulurent donner de nouveaux alimens à la vertu, en lui donnant cette efpèce de récompenfe, ou au moins perpétuer la reconnoiffance qu'ils reffentoient des fervices que des Etres rares & bienfaifans leur avoient rendus ; ainfi les Monumens, envifagés fous ce rapport intéreffant, n'ont certainement eu pour objet dans leur principe que la plus grande utilité publique, qui ne peut jamais exifter fans la vertu.

En effet MM. pourquoi chez les Nations les plus civilifées de l'Univers, vit-on toujours les Places publiques, les Portiques, les Temples, les Ports, les chemins publics même décorés de Statües & de Tombeaux des perfonnages les plus célébres, fi ce n'eft pour perpétuer la mémoire de leurs talens, & fur-tout de leurs vertus patriotiques, les recommander à la vénération de la poftérité, & exciter non-feulement leurs fucceffeurs, mais tous les Citoyens, à mériter les mêmes honneurs, les mênres récompenfes ?

Nous ne vous parlerons point des aqueducs, des fontaines, des canaux, des égofts, des ponts, des voies publiques, dont l'utilité générale ne fauroit être conteftée ; mais fi nous confidérons les Obélifques, les Arcs de Triomphe, les Colonnes, les Temples élevés à la mémoire des grands Hommes, ou d'autres Monumens de la même efpèce, il eft certain qu'ils eurent un autre genre d'utilité : celle de confacrer à l'immortalité des vérités utiles, des loix fages & fondamentales, des événemens mémorables ou des actes de générofité & de grandeur d'ame, ou même fouvent des actions de valeur ; tels, par exemple, furent les Obélifques chez les Egyptiens, les Colonnes d'Antonin &

de Trajan , celle fur-tout appellée *Lactaria* (qui répond à l'édifice fi connu à Paris fous le nom *des Enfans - Trouvés ,*) chez les Romains , où l'on portoit les enfans à la mamelle que les parens trop pauvres ne pouvoient nourrir ; ainfi que cette autre fi connue par cette infcription , *Index Belli ferendi* (fur laquelle l'on affichoit les déclarations de guerre ou de paix).

Quant aux Arcs de Triomphe , il eft évident qu'ils eurent le double objet de perpétuer la mémoire de quelques exploits glorieux des Empereurs ou de leurs Généraux ; enfin de conftruire à la Métropole de l'Empire des portes décorées pour en rendre les avenues plus majeftueufes & plus impofantes.

Envifagés fous des rapports politiques , les Hypodrômes , les Cirques , les Théâtres , les Amphithéâtres , les Colifées , eurent pour objet d'attacher les peuples à leur Patrie par la pompe & la variété des fpectacles ; d'amufer l'inquiétude d'un peuple immenfe , turbulent & guerrier ; d'occuper aux travaux publics , lors des tems de repos , les Troupes dans toutes les Provinces de l'Empire ; de prévenir , par le moyen de cette fage politique , les factions fuite de l'indifcipline , & les excès fuite de l'oifiveté ; d'entretenir le corps du Soldat dans l'action , conferver par-là fes forces & le maintenir dans une fanté pure qui ne pourroit que prolonger fa carrière ; enfin de leur faire trouver Rome leur patrie , plus intéreffante encore en leur montrant , pour ainfi dire , Rome par tout.

Il eft donc à préfumer , MM. que telle fut l'intention des Peuples qui conftruifirent les Fabriques immenfes dont nous venons de parler , & dont il refte encore des veftiges , quelques débris amoncelés , d'autres épars çà & là , & qu'on trouve répandus dans les Contrées de l'Italie , dans celles des Gaules , actuellement la France , & autres pays que conquirent les Romains.

Tels font les Monumens publics que vos Princes viennent de parcourir en Obfervateurs Curieux.

Parmi l'immenfité de recherches que nous avons faites, MM. fur les Monumens publics, tant anciens que modernes, nous n'avons point oublié les grands objets qui, dans les premiers fiécles de l'origine de votre Empire, ont pu l'intéreffer, & nous n'avons pas paffé fous filence, par conféquent, cette fameufe Statue coloffale, qui fous une forme humaine tenoit une pierre enflâmée dans la main, & qu'on adoroit à *Nowogrod*; c'étoit aux pieds de cette idole, ainfi que les Annales de votre Empire l'atteftent, qu'on entretenoit un feu perpétuel de bois de chêne: & la tradition de cette Contrée nous apprend même que fi le feu étoit venu à s'éteindre par la négligence des Miniftres fervant cette Divinité, ils euffent auffitôt été punis de mort.

Nous lifons encore que dans la Province *d'Obdorie* on voit toujours une Idole de la plus haute antiquité que les habitans appellent *Zolota Baba*, ou *la Vieille d'Or*, quoiqu'elle ne foit cependant que de pierre. C'eft l'image d'une vieille femme tenant un enfant fur fon giron, & en ayant un autre à côté d'elle; on lui offre des fourrures les plus précieufes, & on lui frotte le vifage & les yeux du fang des Bêtes qu'on tue à fon intention.

On ajoute même (1), (fuite de la fuperftition du Peuple) que la montagne fur laquelle cette Idole eft placée, rend continuellement des fons comme ceux de la trompette, ou comme le mugiffement des bœufs: ce qui peut naturellement fe faire par des canaux foûterrains, où l'air paffant produit cet effet.

Il ne paroît point que les Mofcovites, les Ruffes, les Tartares ni les Sarmates ayent eu des Temples. *Jean Melet* qui a fé-

____

(1) Hodoepor Rhutenicum Jacob Dan.

journé

journé pendant long-tems dans le Duché de Pruffe , en Samogi-
tie , dans la Lithuanie & la Livonie , dit que ces Peuples facri-
fioient jadis aux Démons , & que malgré la lumiere de l'Evangile,
dès long-tems reçue dans ce pays, le Peuple pratiquoît encore en
fecret ces abominations.

Mais , MM. ce qui étonnera toujours le Philofophe Obfervateur, qui fe tranfportera dans ces fiécles reculés , & dans ces contrées fauvages & habitées, qui certainement n'avoient jamais eu de
correfpondance avec les Peuples du Midi , habitans au-delà des
mers ; c'eft lorfqu'il réfléchira fur cette forte d'analogie de culte
avec celui de ces autres Peuples ; lorfqu'il verra des Prêtres Sa-
crificateurs , des Autels , des Feux facrés fcrupuleufement entre-
tenus fous peine de mort, des holocauftes , du fang humain &
celui des animaux répandu, des Idoles , des Temples , des Dieux
bons qu'on révère , des Dieux méchans ou Démons qu'on craint
& qu'oh implore ; & ces Dieux avoient leurs noms caractériftiques. La premiere de ces Divinités , répondant au Jupiter, Dieu
des Tonnerres, s'appelloit *Perum*; ceux qui lui étoient fubordon-
nés s'appelloient Chocs, d'Ashbog, Stribon , Semagl , Mokofch,
& Wolafz , Dieu des Troupeaux : d'autres étoient les Dieux des
Saifons , des Moiffons , des Feftins , des Mers , des Fleuves. Il
femble même que les anciennes Divinités Ruffes avoient au moins
beaucoup d'analogie avec celles des Romains & des Grecs, puifqu'ils avoient une Vénus , un Cupidon , une Pomone & autres.

Que concluera-t-il encore ce Philofophe Obfervateur ? que les
Arts même n'étoient point ignorés de ces Peuples barbares , puifqu'ils connoiffoient & exerçoient l'Art Statuaire & l'Architecture : ce qui confirme cette opinion , eft l'exiftence des veftiges
d'un Temple de Druïdes qu'on apperçoit encore dans la Suède

B

aux environs de Stockholm; & ce Temple environné de puits très-profonds, où sans doute l'on égorgeoit les Victimes, paroît encore cerclé de fer pour en conferver les murailles.

Nous ignorons dans quel fiécle le Génie créateur des Artiftes Ruffes eft forti du néant ou de l'enfance, & fi les Villes ou Bourgades de ces contrées fauvages contenoient des Monumens dignes d'être rappellés à la poftérité.

Un Etranger, fixé dans fa Patrie par état & par devoir, ne peut entreprendre un femblable travail, quoiqu'il foit porté par goût à connoître tout ce qui intéreffe les divers objets de l'antiquité qui peuvent fe trouver épars dans tous les pays. C'eft vous, MM. qui jaloux, fans doute, de tranfmettre à la poftérité les recherches en ce genre qui intéreffent votre Patrie, devez vous occuper déformais à éclairer l'Univers fur cette partie fi effentielle.

Nous laiffons donc à vos Savans Hiftoriens le foin de rapprocher fous un feul point de vue les événemens mémorables de votre antique Monarchie, arrivés depuis votre Fondateur Rurick, jufqu'à Pierre premier, furnommé le Grand.

Michel de Lomonoffow, Hiftorien profond, votre contemporain & Affocié, vient de fatisfaire à cet égard la curiofité des Savans de l'Europe. Eh! que pourrions-nous ajouter à fes obfervations raifonnées, à fes recherches laborieufes & favantes puifées dans les meilleures fources? On voit qu'il n'a rien négligé pour remplir la tâche immenfe & pénible qu'il s'étoit impofée (1).

Bornons-nous donc à développer fommairement, ou plutôt à

---

(1) Les principales fources où ce Savant Hiftorien a puifé font *Neftor*, Moine du Couvent de *Peczerifch* à *Kiow*, vivant dans les onzieme & douzieme fiecles.

Stuffen Bucher (*Stepennyja Kuigi*), Hift. des Emp. Ruffes.

Poterich de *Peczerskii*, autre Hiftorien des Moines du Couvent de *Peczerifch* ... & autres Hift. de la Nation dont la plupart Réligieux.

vous rappeller dans ce Difcours les hauts faits du Czar *Pierre premier*, & ceux de *Catherine Alexiewna II*, votre grande Souveraine, & les établiffemens dans tous les genres que ces Souverains ont formés dans leur Empire, & fur-tout dans votre Capitale moderne.

Croyez encore, MM. que notre unique intention dans cette entreprife Littéraire eft d'en inftruire feulement mes Concitoyens, & non les vôtres qui fans ceffe jouiffent de ces Monumens élevés fous leurs yeux. D'ailleurs nous favons que M. Domachneff, illuftre Directeur de votre Académie, a trop bien rempli fur ce point le vœu de vos Sçavans & de tous vos Concitoyens, en leur offrant il y a peu d'années un Difcours tellement profond, éloquent & énergique, que nos meilleures plumes Françoifes eurent peine à rendre en notre Langue toutes les richeffes du génie de cet Orateur & Académicien Ruffe.

Nous devons encore vous affurer, MM. que fi nous n'euffions fait au commencement de 1779 un Hommage Littéraire dans ce genre à votre Augufte Impératrice, & que même nous adreffâmes à votre illuftre Compagnie, jamais nous ne nous fuffions occupés de traiter un fujet qui l'a été fi éloquemment par le Neftor de votre Littérature. Pardonnez donc à l'Orateur François, fi vous trouvez dans fon Difcours quelques traits fi fouvent répétés dans vos Eloges Académiques : c'eft fans doute, qu'il lui eût été trop difficile & même impoffible de vous entretenir du voyage en France de vos Princes *Leurs Alteffes Impériales des Ruffies*, fans vous parler de leur Augufte Mere votre Souveraine, & du Prince, premier fondateur de votre Capitale.

Il étoit fans doute dans l'ordre des décrets de la Providence, MM. que votre antique Monarchie éprouvât un jour une révolution générale dans fa conftitution, & telle que les autres Em-

pires du Monde entier en ont éprouvées dans l'intervalle immense
des siécles qui se sont écoulés depuis leur formation ; mais de-
voit-on s'attendre que cette révolution se feroit sentir tout-à-coup
par la volonté d'un seul homme ?

En effet, ce Génie plus qu'extraordinaire paroît sur la Scène du
monde, & va changer de face dans un seul instant, pour ainsi
dire, par des opérations calculées & méditées, le vaste théâtre
que les droits du sang lui ont destiné : ce n'est point l'effroi qu'il
va porter parmi les Mortels que la loi soumet à son Empire ; il ne
couvrira point de sang ni de carnage les approches de son Trône
ni les habitations de ses sujets : il est homme lui-même, & veut,
en quelque sorte, créer de nouveaux hommes à son image.

Semblable à ces feux bitumineux & souterrains, qui après avoir
miné pendant des siécles les entrailles de la terre, ne trouvant
plus de résistance, forment tout-à-coup une explosion terrible,
ébranlent les fondemens du monde, s'échappent avec impétuosi-
té dans les airs, & changent dans un clin d'œil la surface de la
terre qui les couvroit ; & cette superfice, jusqu'alors inculte,
sauvage & déserte, devient aussitôt par cette secouse violente &
ce bouleversement imprévu, fertile, abondante & habitée.

Tel se montra parmi vos Peres, MM. le *Czar Pierre I*, bien
plus étonnant, sans doute, dans l'ordre moral de l'humanité, que
les phénomènes extraordinaires dans l'ordre physique de la Nature ; vous l'avez vu, sous le plus âpre des climats, s'élancer de son
propre génie, dans la carrière des plus vastes entreprises, parcourir d'un vol rapide les rayons du grand cercle qui l'environne, & comme un Astre brûlant, attirer à lui toutes les influences qui peuvent échauffer & vivifier des possessions immenses, qui
depuis le principe de leur création sembloient en quelque sorte
oubliées de la Divinité même qui les avoit tirées du néant.

Ce Prince devint donc le Phénomène le plus rare qui eût encore paru sous le Ciel. Il créa tout dans ses Etats , jusqu'à sa Nation même : Arts, Sciences, Commerce , Navigation, Guerre ,
Politique , Législation , Sociétés réunies, Villes, Temples ; tout
enfin y passa dans le plus court espace de tems, de l'enfance à
la virilité ; & cette Nation nulle , pour ainsi dire, avant lui sur
la terre, y joue maintenant un rôle distingué , & n'a peut-être
déja que trop d'influence sur le système politique de l'Europe.

C'est ainsi que l'Art, secondé des travaux les plus pénibles &
les plus constans, offre en Russie une immensité de chefs-d'œuvres
dans l'ordre moral & politique , consacrés également à l'utilité
Publique , qu'on peut admirer.

Le premier & le plus étonnant, peut-être , est sans doute une
Ville considérable, St. Pétersbourg , considérée maintenant comme la Capitale de ce vaste Empire , puisqu'elle est le domicile
ordinaire de ses Souverains. Les principales constructions qui s'y
trouvent consistent en un Port vaste , Arsenal , Fonderie , Corde-
rie , tous édifices considérables ; Ecole de Cadets de terre & de
mer , autres établissemens d'éducation pour les deux sexes, & un
très-grand nombre d'Eglises Grecques & Romaines ; des Edifices
publics & particuliers, des Palais & de grandes maisons , couvrant
un espace immense qui n'étoit encore il y a moins de 80 ans, qu'un
vaste marais. Lorsque cette pensée se réunit au spectacle des lieux,
elle effraye.

Le second est un très-beau Quai construit sur un des bords
de la *Newa*, riviere rapide & profonde : cet ouvrage est digne,
par sa difficulté & sa beauté, de la hardiesse des Grecs & de
la grandeur des Romains

Le troisiéme & le plus intéressant, sans doute, pour la Nation
Russe , est le superbe Monument public élevé par *Catherine II*,

Impératrice régnante, à la gloire immortelle de *Pierre I*, furnommé le Grand.

Ce chef-d'œuvre dans toutes fes parties eft d'un célébre Artifte François, *Etienne Falconnet*, qui dans fa Patrie s'étoit déja
diftingué par de beaux ouvrages, lorfque l'Impératrice régnante
l'appella en Ruffie, où fon génie fut encore encouragé par la faveur de cette grande Souveraine.

Si vous n'aviez pas, M M. ce Monument de gloire fous les yeux,
nous nous empreſſerions de vous en donner la defcription, telle
que nous l'avons fentie, d'après le rapport qui nous en a été fait
par ceux même qui ont coopéré à l'exécution de cette grande entreprife (MM. les Chevaliers de Lafcaris, Falconnet & Diderot,
ce dernier l'un de nos meilleurs Philofophes-Littérateurs, &
tous les trois Français), defcription que nous avons inférée très-
au long dans nos Ouvrages fur les Monumens Publics de tous les
âges, & qui femblera toujours intéreffante à ceux qui ne pouvant juger par eux-mêmes de l'objet fixé dans la place publique,
y verront au moins que l'homme eft capable de furmonter les plus
grands obftacles quand il entend la voix d'un Maître chéri qui l'invite à feconder fes entreprifes, & l'excite à mériter des récompenfes fondées fur l'honneur; capables quelquefois de le détermi-
ner jufqu'au facrifice même de fa vie: c'eft ce que *Catherine II*
fçait faire, ce qu'elle a fait, Elle qui, fans effort, oublie fouvent
fon autorité illimitée, pour ne s'adreffer qu'à l'amour de fes Sujets, lorfqu'il s'agit d'exécuter de grandes chofes.

Vous le favez MM. la plûpart des Souverains ne reçoivent
des hommages que de leurs Sujets: comme leur gloire ne s'é-
tend guères au-delà des limites de leur Empire, elle n'intéreffe
pour l'ordinaire que très-foiblement les Peuples qui ne vivent pas
fous leur domination; femblables à ces Dieux de la Fable dont le

culte fe bornoit quelquefois à l'enceinte du Temple que leur avoit érigé la fuperftition & le fanatifme.

Mais lorfque le Ciel propice fait affeoir fur le Trône une de ces âmes privilégiées qu'il femble n'avoir créée que pour manifefter fa puiffance, changer la deftinée des Peuples, & caufer les plus heureufes révolutions ; la Terre admire d'abord en filence ce nouveau Phénomène : bientôt à ce filence profond & refpectueux fuccédent les plus vives acclamations : les vertus & la gloire d'un Souverain bienfaifant & magnanime, fixent l'attention des climats les plus éloignés ; l'Univers retentit de fes Eloges ; les talens célébrent à l'envi fes louanges, & les Nations lui rendent de concert le jufte tribut d'hommages qu'infpire la fageffe fublime de fon adminiftration, l'étendue de bienfaifance & l'héroïfme de fes actions éclatantes.

Le portrait que nous venons d'efquiffer, MM. n'eft point un de ces rêves politiques qu'une imagination exaltée par l'amour de l'Humanité, enfante quelquefois à la vue des miferes publiques ; notre qualité d'Etranger à votre Patrie doit nous mettre à l'abri de ce foupçon ; toute l'Europe y reconnoît au premier coup-d'œil votre Augufte Souveraine : elle y diftingue les traits d'une grande Impératrice qui joignant aux talens les plus aimables de fon fexe, les vertus mâles & énergiques des Héros, poffède au fuprême degré la fcience profonde des plus grands Politiques & des plus célébres Légiflateurs. Pénétrés que nous fommes d'admiration à la vue de tant de merveilles, qui font la matiere ordinaire de tant d'entretiens politiques de nos Concitoyens Français, nous ofons vous offrir cet hommage, MM. Il n'eft, encore une fois, digne d'être préfenté à votre Souveraine & à vos Auguftes Princes, que par les motifs purs & défintéreffés qui nous l'ont infpiré.

Le Français qui jouit, fous la plus fage adminiftration, des pré

cieux avantages d'un climat fertile & délicieux , voudroit pouvoir partager avec tous les peuples de la terre fon bonheur & fa
félicité. Né tendre & fenfible , il s'intéreffe vivement à la deftinée
de fes femblables ; fes vœux feroient remplis fi la terre n'étoit
peuplée que d'Etres heureux : l'idée du defpotifme & de la ty-
rannie , fi oppofés à l'heureufe conftitution de fa nature , l'attendrit
fur le fort des Humains qui en font les victimes. Quelle douce
fatisfaction pour lui , lorfqu'une révolution inefpérée brife leurs
chaînes, met un frein à leur oppreffion, & leur rend cette précieufe
liberté que la France tient de la Nature , & dont une orgueilleufe
férocité pourroit feule, mais par des événemens plus qu'extraordinaires , la dépouiller !

Vos Souverains , MM. avant que le *Czar Pierre premier* pa-
rût fur fon Trône, ne régnoient , pour ainfi dire , que fur des Ef-
claves : ce Prince, grand en tout, forma le premier, peut-être, le
projet de rompre les fers qui tenoient fous le joug le plus accablant & le plus tyrannique , des Sujets malheureux ; mais il étoit
réfervé à *Catherine II* d'exécuter cette grande & généreufe entreprife : fes mains ont enfin brifé des chaînes que le defpotifme
avoit forgées depuis plus de vingt fiécles : elle fçavoit, fans doute ,
que cette autorité rigoureufe ne peut s'allier à aucune forme de
Gouvernement : elle n'ignoroit pas que l'abus du pouvoir , paf-
fion terrible chez un Prince defpote , entraîne toujours à fa fuite
des malheurs effroyables, qui , tôt ou tard , rejailliffent fur lui-
même & fur fes Peuples avilis par un féroce efclavage ; elle avoit
calculé tous les effets défaftrueux que devoit produire une autorité
arbitraire , qui néceffairement fubftitue les paffions défordonnées
aux Loix de la fage Nature émanées de la Divinité ; qui prodi-
gue fans befoin le fang des Peuples ; qui fans ceffe agite les Sociétés réunies , diffout les familles , avilit la raifon de fon femblable,

blable, trouble & effraye jufqu'à fa confcience même.

Enfin, MM. à peine Catherine a-t-elle parcouru d'un œil rapide l'étendue de fes vaftes Etats, à peine a-t-elle apperçu le principe qui fait mouvoir les refforts de leur barbare adminiftration, à peine enfin paroît-elle affife fur fon Trône, qu'elle arrache auffitôt du Diadême qui va ceindre fa tête, le bandeau funefte du defpotifme, teint de fang & d'horreur, & y fubftitue en caractères ineffaçables ces mots facrés de *Bienfaifance*, de *Sageffe*, de *Juftice*, de *Liberté* même. Vous le favez, ce fut dans fon âme qu'elle trouva le Principe de tout bien, & vous vîtes au même inftant éclore à fes côtés cette plante falutaire & chargée de fruits, qu'elle diftribua auffitôt aux nombreufes Tribus de fon Empire. Ces familles, accablées fous un joug rigoureux, ne furent pas plûtôt éclairées par ce nouvel aftre vivifiant, qu'elles apperçurent tout-à-coup leurs malheurs & leurs peines, fe diffiper : tel un vent du Nord chaffe & entraîne avec rapidité les vapeurs infectes & humides qui défolent & donnent la mort aux Etres animés : participant en quelque forte aux attributs de la Divinité, elle va donner à l'homme une feconde exiftence, une nouvelle vie, en lui procurant des jours heureux : c'eft fon éducation qui va l'occuper. Elle ne veut déformais pour Sujets que des hommes qui fçachent apprécier les droits de leur prééminence fur tous les autres Etres, pour qu'ils en jouiffent librement, mais fans en abufer.

Si l'Augufte Princeffe qui a précédé *Catherine II*, avoit conçu ce projet qui fait honneur à fon âme, & doit rendre fa mémoire chere à la poftérité ; fi même *Elifabeth* douée de toutes les vertus, avoit déjà formé quelques établiffemens de ce genre pour y recevoir la portion la plus noble de vos Concitoyens ; difons également qu'aujourd'hui *Catherine* les ayant portés à leur plus grande perfection, en les multipliant en faveur des deux Sexes

C

de tous les âges & de toutes les conditions, en leur traçant de nouveaux Réglemens à fuivre, en veillant particulierement fur l'enfance du premier âge, en lui faifant adminiftrer tous les fecours qu'une mere tendre pourroit à peine donner elle-même à fon fils chéri : oui, difons auffi qu'elle mérite les plus grands Eloges : le Tableau rapide que nous allons efquiffer fuffira feul pour vous en convaincre, MM. Mais je m'apperçois d'avance de l'émotion de vos âmes : vous prévoyez fans doute que je vais vous parler de ce nouvel établiffement dont les Réglemens ont, peut-être, été empruntés de ceux que dicta Madame *de Maintenon* à notre premiere Maifon d'Education de Saint-Cyr pour les jeunes Demoifelles de condition, pauvres, & qui, à ce deffein, fut conftruite fous les balcons du Palais & par les ordres de Louis XIV. Ainfi que ce Grand Monarque, MM. votre Sage & Bienfaifante Impératrice compare l'immenfe difproportion du bonheur qu'elle goûte, à l'infortune de ce nombreux, jeune & débile Sexe, fixé loin de fon Trône, fans appui & fans fecours. Touchée d'un fpectacle fi attendriffant, encouragée par la feule force de fa vertu, elle conçoit le projet d'attirer près de fa Perfonne Augufte cet effain de jeunes Colombes abandonnées. Il ne l'eft plus ; un Afyle facré, paifible, éloigné du tumulte des paffions, eft auffi-tôt préparé pour lui (1) : c'eft-là que leur Souveraine, ou plutôt leur Mere, prend foin de leurs jours, veille à leur éducation en préfidant elle-même à leurs leçons ; & fi après trois luftres elles font rendues au monde, à leurs familles, ce n'eft fans doute que pour en faire l'ornement, la confolation, les délices : leurs

______

(1) Maifon d'Education pour les Demoifelles de Condition, à l'inftar de celle de S. Cyr en France. Depuis peu Sa Majefté Impériale vient de créer un femblable Etabliffement pour les filles de Bourgeoifie.

vertus aimables, leurs talens acquis captivent les cœurs de leurs nouveaux Epoux, & bientôt une nombreuse poftérité devient la récompenfe de leurs foins maternels : & c'eft ainfi, MM. que *Catherine* fçait multiplier dans fon Empire fes Citoyens & fes Sujets.

D'autres Edifices font confacrés à la foibleffe infortunée (1) de l'Enfance, & renferment un peuple de Meres qui reçoivent dans leur fein mille victimes innocentes, fruits des paffions licencieu‑ fes de meres défefpérées d'être forcées de les dérober aux yeux de leur famille.

Tels font, MM. les Monumens refpectables qui intéreffent l'Humanité & qui ont mérité à *Catherine* le plus beau des Titres, celui de Mere de fes Peuples : & telles furent fes vues patriotiques.

Mais en grande Souveraine, elle porte bien plus loin encore l'exécution de fes Syftêmes politiques.

La Police raifonnée, ou plutôt la fage adminiftration des Em‑ pires du Midi de l'Europe l'ont étonnée : & bientôt veut-elle placer le fien au niveau de ceux qui lui femblent les plus forte‑ ment & fagement gouvernés. La France, peut-être, va lui fervir de modèle.

L'expérience, MM. le plus grand des Maîtres, a appris à votre Augufte Souveraine que l'un des plus grands malheurs pour un Etat, eft fans doute de ce que la fage politique des Princes, n'a point encore prévu qu'il leur étoit effentiel, pour les foulager dans les détails de l'Adminiftration, de s'affocier des Citoyens qui euffent l'efprit de leur état, c'eft-à-dire, celui de fageffe, d'équi‑

____

(1) L'Hôpital pour les Enfans-Trouvés, & d'autres Hôpitaux pour les Malades, les Infirmes de tout fexe & de tout âge.

té & d'ordre ; qu'en outre ils fuffent avantagés d'un travail facile
& conftant, par conféquent attachés à leur devoir, comme le
Laboureur l'eft à la glèbe : car c'eft une erreur groffiere de fuppo-
fer qu'une brillante imagination fuffife à un homme, fouvent
même pris au hafard dans des emplois fubalternes, pour occuper des dignités fupérieures, & qu'on doive lui attribuer, comme
on dit communément, *les vertus de la matiere premiere*, ou plutôt
le regarder comme capable de tout & propre à tout.

Un Citoyen qui eft placé aux pieds du Trône, qui agit par conféquent au nom du Souverain, doit donc avoir en partage l'expérience de fa dignité, les fentimens de l'honneur, la prudence &
la retenue, vertus fi effentielles aux hommes en place ; mais fi la
Nature ne lui a donné qu'une imagination exaltée, ou trop arden-
te, bien-tôt il fe livrera à des écarts affreux qui entraîneront néceffairement avec eux le défordre. L'homme dont le penchant eft
fans ceffe porté à fatisfaire fes brutales paffions, facrifie tout pour
les affouvir : alors ces Tyrans cruels, fans principes, ni même fans
préjugés qui les contiennent, ne craignent plus rien, frondent
les Loix les plus auguftes, trompent, féduifent, ou en impofent
à leur Maître, & portent les excès de leurs crimes jufqu'à mettre fourdement à prix les graces dont ils ne font que les dépofitaires : & c'eft ainfi qu'ils oppriment le Jufte, en autorifant, en
protégeant même la corruption des mœurs publiques.

Mais, MM. il eft encore d'autres trempes d'efprit, que *Catherine* connoît, d'autres caractères bien plus dangereux encore,
dont les intentions miniftérielles n'ont que le mafque trompeur
de la pureté & de la bonne-foi ; mais qui donnant dans des travers
inconcevables pour vouloir fuivre & réalifer des fyftêmes nouveaux, captieux & faux, le plus fouvent fuggérés avec adreffe

par l'intérêt particulier de Courtifans adulateurs, hommes vils, rempans & ambitieux, qui par l'exécution de leurs projets dangereux entraînent néceflairement le défordre, jettent l'allarme parmi les Citoyens mécontens de fe voir ravir leurs prérogatives & leur état, compromettent l'autorité du Prince, flétriffent la fplendeur du Trône, anéantiffent l'honneur nationnal, & arrachent du cœur des Peuples les Vertus fociales qui faifoient leur bonheur, leurs richeffes, en ce qu'elles n'étoient fouvent que le feul héritage qu'ils tinffent de leurs Peres.

Qu'un Prince bienfaifant par un naturel heureux, eft donc à plaindre, d'être forcé de fe choifir pour coopérateurs, des Citoyens pris au hafard, toujours fans expérience dans la partie d'adminiftration qu'il leur confie, & dépourvus abfolument des qualités que leurs poftes exigent! *Les Peuples*, dit un Auteur célèbre, *font moins fouvent les victimes du fort que de l'incapacité de ceux que les Souverains mettent à la tête de leurs affaires.*

Un Monarque jufte ne doit donc, autant qu'il le peut, attacher auprès de fa Perfonne que des hommes avoués, pour ainfi dire, de la Nation même, & appellés en quelque forte par la voix du Peuple, (*vox Populi, vox Dei.*) La profpérité d'un Empire, la fûreté & la force des Loix, l'attachement des Peuples à leur Religion, à leur Souverain, à leur Patrie, à leurs foyers, dépendent abfolument de la conduite & des opérations de ces Coopérateurs que le Prince s'eft choifis & qu'il a rendus les dépofitaires d'une portion de fon autorité.

Concluons donc, mais toujours avec *Catherine*, qu'un Miniftre incapable d'exercer les fonctions de fa place, fait plus de ravages dans un Etat, qu'une guerre de longue durée : ce dernier fléau, à la vérité, ravit à la Terre des hommes utiles ; mais au moins quelques années de paix la dédommagent-elles bientôt de cette perte malheureufe. Difons encore qu'une Adminiftration injufte, foible, fans expérience & fans mœurs, attaque, non-feulement le Citoyen comme individu, mais encore ravage fouvent fes propriétés, fes droits, détruit fourdement les Principes facrés qui cimentent les Sociétés & les uniffent au Chef de la Nation: alors le découragement s'empare des âmes, & bientôt la vertu politique d'un Gouvernement s'affoiblit, les mœurs pures difparoiffent & font place aux torrens de la licence, des vices & des crimes.

Un Miniftre vertueux eft un bienfait, fans doute, que le Ciel accorde aux Rois & à leurs Empires; mais fi les talens fecondent en lui les intentions du bien, dès-lors le Souverain deviendra lui-même un Dieu tutélaire pour fes Sujets.

Permettez-nous encore cette courte digreffion, MM. « *Sire*, difoit un Seigneur Français, M. le Duc de G.....; au Roi de Pruffe régnant, qui fe trouvant à la tête d'un Corps de Troupes confidérable, tendoit la main à un Officier blanchi par les années de fes longs fervices, & l'honoroit de mille expreffions d'amitié, » Votre Majefté m'étonne toujours de la voir adreffer la » parole avec tant de bonté à tous fes Officiers indiftinctement; » mais il me femble qu'Elle fait un cas bien plus particulier en-» core de ce vieux Serviteur, puifqu'Elle le diftingue fur tous » les autres : probablement fe propofe-t-Elle de l'élever inceffam-» ment en grade fupérieur..... Il eft vrai, répondit le Roi, que » j'eftime beaucoup cet Officier qui remplit avec la plus grande » diftinction fa place, & c'eft une récompenfe que je me fuis fait « une loi de lui accorder en le traitant de mon ami, toutes les » fois que je le trouve à la tête de fa Troupe; mais il fe croiroit » lui-même déplacé s'il occupoit tout autre grade fupérieur à » celui qu'il a maintenant, dont il eft fatisfait, & que je lui con-« ferverai toujours.

Les Rois qui, ainsi que *Frédéric II*, ne doivent leur puissance qu'à eux-mêmes, qui consommés dans l'Art de régner, & sur-tout exercés dans la profonde étude de connoître & d'apprécier les hommes pour les faire agir à volonté, ont seuls droit sans doute d'adresser des leçons aux Monarques leurs contemporains, moins expérimentés qu'eux dans l'administration de leurs Etats.

En effet, si l'Art de la guerre a été porté au point où il est maintenant en Europe, à quelle Puissance en est-on redevable ? à celle de Prusse seule, dont le Monarque créa en quelque sorte ses Etats, composa un Code de législation qu'il mit aussitôt en vigueur, forma une Tactique raisonnée & inconnue jusqu'à lui, étendit le Commerce, vivifia l'Agriculture, & se maintint toujours grand par sa profonde politique & ses talens supérieurs de gouverner les Peuples qu'il sçut soumettre à son pouvoir. Profond lui-même dans les Sciences abstraites, occupant ses loisirs à l'exercice des Lettres & des talens agréables & de goût, protégeant les Arts utiles en tout genre, il sçut faire d'une Nation la moins civilisée de l'Europe une des Nations la plus philosophe, la plus guerriere par principe, la plus industrieuse dans les Arts méchaniques, & la rendre enfin sur tous les objets la rivale même des autres Puissances limitrophes de son Empire.

La premiere étude d'un Monarque est donc de chercher à connoître les hommes qui approchent sa Personne auguste : & à l'exemple de *Frédéric*, de *Catherine* & de *Louis*, de ne les élever en dignité que quand il leur reconnoît les vertus & les talens qu'exigent les places auxquelles il les destine.

Votre Impératrice, MM. pénétrée de toutes ces vérités, s'est d'abord créé un plan vaste, profond & sûr. Elle n'a fait appercevoir le jeu compliqué de tous ses ressorts, qu'après l'avoir réalisé dans toutes ses parties, & que les résultats en ont été démontrés néceſſaires & utiles à ſon gouvernement. Elle manquoit d'hommes capables de la ſeconder, elle en forma auſſitôt pour toutes les parties d'une Adminiſtration générale ; ne pourrions-nous donc pas aſſurer que de toutes ſes opérations, cette derniere fut inconteſtablement ſon premier chef-d'œuvre ?

Mais, MM. ce n'eſt point à un Etranger éloigné de vos contrées à prononcer ſur l'exécution d'objets dont vous êtes les témoins intéreſſés ; c'eſt de vous plutôt de qui toutes les Nations doivent apprendre que ce n'eſt plus la crainte ſervile, mais la ſage raiſon qui dirige maintenant vos Concitoyens ſoumis aux loix équitables que leur a dicté votre Auguſte Souveraine : & croyez, MM. que cet acte ſignalé de bienfaiſance, qui met le comble à ſa gloire, n'a pu que produire dans toutes les Capitales des Royaumes étrangers, & ſingulièrement dans celle de la France, la plus vive ſenſation.

Par exemple, MM. l'Europe revient à peine de l'étonnement où l'ont jettée les progrès rapides de la Marine Ruſſienne. Déconcertée par ce Phénomène politique, elle ſemble douter encore des prodiges qui ſe ſont paſſés ſous ſes yeux. Le Moſcovite, relégué dans des Marais au fond de la Mer Baltique, ſembloit ne s'occuper qu'à ſe rendre redoutable ſur terre ; on ignoroit preſque qu'il eût des chantiers & des hommes capables de commander des vaiſſeaux, lorſqu'elle oſe former le hardi projet de porter le fer & le feu à travers des Mers qui lui ſont inconnues, juſques dans Conſtantinople même, d'en chaſſer l'efféminé Sultan, d'affermir ſon Trône ſur les débris du ſien, & de le reléguer pour toûjours dans les vaſtes déſerts de l'Aſie.

Les premieres nouvelles qui annoncerent que cette Puiſſance alloit déployer ſes Pavillons dans l'Archipel & braver les foudres des Dardanelles, ne furent reçues que comme un rêve politique,

tique, une chimère follement éclofe fous la plume des Journa-
liftes toujours avides du merveilleux ; mais que ne peut pas une
Souveraine, qui joint à toutes les graces de fon fexe, fi propre à
faire aimer & refpecter l'autorité, l'ame fublime & créatrice du
Czar Pierre ?

Catherine fait un figne, & déja une flotte redoutable fort du
fein des flots avec le plus impofant appareil : elle réalife, pour
ainfi dire, la Fable de Pirrha qu'on prendroit pour un emblême
& une allégorie des prodiges que l'Univers admire dans cette Impératrice. La Dowina voit fortir de fes rofeaux des vaiffeaux dont
l'Efpagne, l'Angleterre & la France s'enorgueilliroient, & la
fauvage côte de Finlande, jufqu'alors fréquentée par quelques
miférables Pêcheurs, s'étonne des Vaiffeaux & des Frégates qu'on
conftruit à Riga & à Revel ; Cronftadt fait entendre fa voix im-
périeufe ; & toutes ces forces réunies s'avancent majeftueufement vers le célébre détroit du Sund.

Ames vulgaires, qui, jugeant de la grande ame de *Catherine*,
par votre débile & flottante politique, ne regardiez cet appareil
formidable que comme un vain épouvantail; voyez ces Efcadres,
après avoir jetté l'allarme dams Stockholm, effrayé Copenha-
gue, traverfer le Détroit périlleux du Sund, parcourir la Mer
d'Allemagne, voguer fur la Mer du Nord, étonner l'Océan par
cette nouveauté, braver les tempêtes & les orages des Colonnes
d'Hercule, parcourir avec une noble fierté toute l'étendue de la
Méditerranée, méprifer les vains efforts de Maroc & d'Alger,
en impofer à toutes les Puiffances de l'Italie, jetter en paffant un
coup-d'œil de pitié fur les triftes débris de la Puiffance de Ve-
nife, rendre hommage à la bravoure de Malthe, déployer fon
Pavillon dans l'Archipel, & annoncer à la Grèce gémiffante
fous un joug tyrannique, que le Ciel propice vient mettre fin

D

à fés malheurs, en la délivrant du plus féroce defpotifme.

Quel fpectacle touchant, MM. que celui qu'offre la Grèce dans ce moment inattendu ! Seroit-ce donc abufer de nos Divines Ecritures, que de répeter après elles *lætentur infulæ multæ* ? Avec quels tranfports de joie, Céphalonie, Candie, Négrepont, Lemnos, & cent autres, voyent ce Pavillon redoutable & ces foudres flottans qui viennent rompre leurs fers & les venger de leurs impitoyables Oppreffeurs! La Morée, la Macédoine, l'Albanie volent au-devant de leurs Libérateurs : la confternation & la famine ravagent la Capitale de l'Empire Ottoman : les foibles vaiffeaux du Grand-Seigneur cherchent honteufement leur falut dans leur fuite ; ils fe réfugient à l'envi dans l'Hellefpont, comme le feul afyle qui pût les mettre à couvert des foudres de *Catherine*: le fameux détroit de Gallipoli, quoique hériffé de canons, de mortiers, & de Soldats, craint toujours une furprife ; les Bachas effrayés font abandonnés de leurs Troupes vénales & indifciplinées, la terreur fe répand dans la Syrie, & de-là dans toute l'Afie Mineure, le foulevement devient prefque général ; les Peuples opprimés par l'abfurde & féroce politique de la Porte, demandent à grands cris de vivre fous les loix pleines d'humanité de *Catherine.* Le Caire tremblant & déconcerté s'attend à chaque inftant à voir fubftituer, fur fes antiques murs, l'Aigle Ruffe, au Croiffant : tel un vautour preffé par la faim, répand la terreur parmi les nombreux oifeaux qui voltigent au retour de l'aurore dans un fombre bocage.

En vain le Capitan Bacha a ordre, fous peine de la vie, de s'oppofer à ce torrent impétueux ; il ramaffe à la hâte fes forces difperfées ; le Pavillon Ruffe impatient de fe méfurer avec lui & de décider la querelle, le cherche, l'atteint, l'attaque, le foudroye, l'oblige à prendre une fuite honteufe, & ne lâche prife

qu'après avoir exterminé les Tyrans de la Grèce & des Echelles
du Levant. La Mer Egée n'étoit pas le feul Théâtre des forces
navales de *Catherine* : fes flottes enorgueillies de feconder fes
projets, donnoient la loi en même-tems à la Mer Noire, &
à la Mer d'Afoph. Le Tartare de Crimée, brigand inquiet & farouche, eft obligé de recourir à fa clémence, & de fe foumettre à fon autorité.

Si, d'un autre côté, nous jettons les yeux fur la Mer Cafpienne, nous verrons flotter le Pavillon de *Catherine* qui y tient en
refpect l'inquiétude toujours renaiffante du Sophy de Perfe, tandis que fes Armées de terre triomphent dans la Bulgarie, dans
la Moldavie, fur le Danube qu'elle groffit du fang Ottoman : fes
Drapeaux volent en même-tems en Géorgie, en Mingrélie & en
Circaffie, où fes Généraux font des prodiges de valeur. Si la Mer
endommage fes flottes, Arcangel s'apprête à lancer fur la Mer
Glaciale de nouveaux vaiffeaux qui mettront le comble à fa gloire, & le dernier fceau à fon immortalité. C'eft après tant de Victoires, que la paix la plus glorieufe pour elle, & la plus humiliante pour le Croiffant, a enfin terminé les querelles qui divifoient ces deux Empires.

Mais, MM. fi *Catherine* ne s'étoit illuftrée que par des Conquêtes, elle auroit à la vérité rendu fon nom célébre dans l'Hiftoire, & fes peuples redoutables à fes voifins : fa gloire en cela
reffembleroit à celle de ces fameux Conquérans dont on ne fe
rappelle le fouvenir que par les flots de fang qu'ils ont verfés : fes
triomphes accumulés fur les débris des Armées Ottomanes &
Tartares, feroient peut-être le germe fatal des malheurs de fes
héritiers ; car telle fut toujours la fuite dés exploits militaires. Il
n'appartient qu'à ceux qui ignorent les Annales du Monde de
douter qu'un peuple victorieux ne foit vaincu à fon tour. Plus les

fuccès font rapides & glorieux, plus ils provoquent l'animofité & irritent les defirs de vengeance : d'ailleurs le poifon de la prof-périté enivre & amollit à la longue les Nations les plus belli-queufes, & les rend à leur tour la proie de leurs ennemis.

La grande ame de *Catherine*, fa politique profonde, fon amour tendre pour fes fujets, ne lui eût pas permis de perdre de vue ces grands principes d'adminiftration. Son but, en rendant fes Ar-mées invincibles, &'en attachant la Victoire à fon char, a été, fans doute, de s'affurer une paix folide qui lui permît de civili-fer à loifir fon peuple, de le dépouiller de fes préjugés grof-fiers, de l'éclairer, de lui infpirer le goût des Arts & des Scien-ces, & d'achever le grand ouvrage que *Pierre le Grand* avoit conçu, mais qu'il ne lui avoit été poffible que d'ébaucher.

L'efclavage qui dégrade l'homme, qui l'abrutit & qui eft l'op-probre de l'humanité, a fixé l'attention de votre Souveraine, MM. Supérieure au ridicule orgueil qui fe plaît dans l'humilia-tion de fes femblables, & au vil intérêt qui s'établit le centre des richeffes pour donner du reffort à l'ame flétrie du Mofcovite, elle a brifé, ainfi que nous venons de l'obferver, le joug hon-teux fous lequel il gémiffoit & qui l'attachoit, pour ainfi dire, à fon champ, comme un animal domeftique qui l'aidoit à le culti-ver. La nature outragée pendant tant de fiécles d'ignorance & de barbarie, a applaudi à cet acte d'humanité & de juftice : elle eft rentrée dans fes droits primitifs ; l'ame a pris fon effor ; & le Mofcovite reprenant une nouvelle vie, a été transformé en un nouvel être : bientôt ces Tyrans fubalternes qu'on appelle Boyards fuivent l'exemple de leur Souveraine, & rompent des fers qui annonçoient à toute l'Europe la férocité de leur pouvoir & l'â-preté de leur caractere, perfuadée que de fages loix dépend la profpérité d'un Empire & la félicité publique.

Catherine, Emule des Juſtiniens, des Théodores, des Frédé-rics, s'occupe avec la plus vive ardeur à tracer un Code de Lé-giſlation, non pas le meilleur poſſible, mais le plus convenable à ſes Peuples. Elle met à contribution les plus ſages loix de tous les ſiécles, de tous les pays, de tous les climats ; conſulte ſcru-puleuſement les Savans les plus célébres, charge des hommes capables, de compulſer le Code & Digeſte des Nations éclairées de l'Europe, compare & rapproche le Droit Commun d'avec les Coutumes Locales, fouille dans toutes les Bibliothéques, cal-cule les raiſons, les autorités, les convenances ; & la balance à la main, elle fait à ſon Peuple le plus beau préſent qui jamais ſoit parti d'un Souverain.

A la place de ces Tribunaux iniques & mépriſables, où ſiége l'ignorance honteuſe & la criante partialité, elle fait choix d'hom-mes auſſi diſtingués par leurs mœurs & leurs lumieres, que par leur intégrité, à qui elle conſie le droit ſacré de rendre la juſtice à ſes ſujets.

C'eſt toujours avec un nouveau tranſport, MM. que je par-cours l'éloquent Diſcours à votre Compagnie, de votre Ora-teur Ruſſe M. de Domachneff : en même-tems qu'il m'éclaire de ſon flambeau dans ma courſe littéraire, je me ſens échauffé du beau feu de ſon génie. Eh ! qu'il me permette du moins d'emprun-ter quelques-unes de ſes expreſſions ; loin de les dénaturer, je vais les aſſimiler dans toute leur pureté à celles de votre Impé-ratrice même, & de mon Héros Roi - Philoſophe : cette aſſo-ciation de penſées, de ſentimens purs, toujours réverſibles au bien de l'humanité, n'eſt-elle pas faite pour donner de l'éner-gie au Citoyen Ruſſe, au François même qui les lira ? Je com-mence.

Admirez, dit votre Orateur, *l'effet de cette générofité récipro-*

que entre les Peuples & leurs Souverains. Chacun court, à l'envi; s'inscrire (1) le sujet de CATHERINE. Jaloux d'un si beau titre, chacun s'empresse de lui apporter son tribut; & cette Princesse compte un million de sujets de plus. Observerons-nous à sa gloire, que cet acte si général, & dont l'opération s'est faite sans aucune intervention des autorités intermédiaires, est sans exemple dans les Annales du Monde? Monument immortel de la véritable grandeur des Rois & de la vraie félicité des Peuples, puisse-tu servir de modèle à tous les Gouvernemens!

Mais pourquoi nous enthousiasmer ici, MM.? A cette opération que je vous peins si étonnante & si vaste, & qui pourtant a été exécutée avec une si grande facilité, il en va succéder une autre, plus étonnante encore, plus digne de figurer dans nos Fastes, & de les illustrer à jamais.

Le Philosophe couronné du siècle en a jugé ainsi lui-même. » Le » Monde, dit-il, avoit vu plus d'une Reine victorieuse; mais le » spectacle d'une Reine Législatrice étoit un phénomène qui n'é- » toit réservé qu'à nos jours (2).

Cette Reine est la nôtre, continue M. de Domachneff: Cathe- rine est ce phénomène. Agitée, & pour ainsi dire, tourmentée du désir de faire le bonheur de ses Peuples, sa voix a retenti d'une extrémité de son Empire à l'autre. Elle a rassemblé les Députés de toutes les Provinces, les Chefs de toutes les Peuplades qui re- connoissent sa domination. Que leur demande-t-elle? de lui exposer

---

(1) Le dernier dénombrement pour la Capitation, en 1768, fut volontaire. Par ce dénombrement la population se trouva augmentée de plus d'un million d'hommes, sans compter les femmes.

(2) Le Roi de Prusse, dans sa Lettre sur le nouveau Code de Catherine II. Un suffrage tel que celui de Frédéric II, Législateur lui-même de sa Nation, équivaut à tous les Éloges.

leurs befoins & leurs plaintes, leurs griefs & leurs vœux. A quoi font ils invités ? à établir avec elle le bonheur de tous & le bonheur de chacun (1). *Qu'il eft beau d'avoir conçu un projet auffi fublime & auffi vafte que celui du bonheur de tant de millions d'hommes ! mais qu'il eft bien plus grand de l'exécuter ! Rois de la Terre, écoutez* CATHERINE ; *& fi vous êtes jaloux, comme elle, de rendre vos Peuples heureux, prêtez une oreille attentive à fa fageffe.*

Elle éclate dans fes Loix ; elle brille dans les moyens qu'elle prend pour les faire révérer. Ces moyens, quels font-ils ? » C'eft de » conduire (2) fes Peuples à leur plus grand bonheur par les Loix » qu'Elle leur donne ; c'eft de les convaincre qu'ils font obligés, » par leur propre intérêt, à les obferver inviolablement ». *Animés* » *de fon efprit, calquez donc vos Loix fur les fiennes, & vous les ferez également aimer.*

Voulez-vous connoître encore les moyens de prévenir les crimes ? Elle vous en inftruira.

» Faites (3), vous dira-t-elle, que les lumieres fe répandent & » deviennent générales ; que les hommes craignent les Loix, & » ne craignent qu'elles. Faites que les Loix favorifent moins les » différens ordres des Citoyens que leur univerfalité ; & que » dans toute l'étendue d'un Etat, il n'y ait aucun lieu qui en foit » indépendant ».

---

(1) Manifefte pour la formation d'un nouveau Code des Loix, le 14 Décembre 1766, par lequel on invite les hommes de tous les états & de toutes les conditions de chaque Province, d'envoyer leurs Députés chargés de préfenter le projet du meilleur Gouvernement, pour les habitans qu'ils repréfentent. Les inftructions dont les Députés ont été munis, ont dévoilé aux yeux du Miniftere tous les griefs & tous les befoins, non-feulement de toutes les Provinces, mais encore de chaque état d'homme en particulier.

(2) Inftruction de *Catherine II*, pour la formation de fon Code, article 43.

(3) *Ibidem*, articles 114, 243, & fuivans.

Enfin, ſi les Loix n'ont pour objet que le bonheur de l'homme ; ſi l'eſprit qui les dicte ne doit avoir que ſa félicité pour but, ouvrons le Code de notre Légiſlatrice ; voyons quels ſentimens il reſpire par-tout : ouvrir ce Code immortel, MM. ce ſera deſcendre dans ſon cœur.

» Faiſant (1) partie de l'eſpèce humaine, dit *Catherine*, rien » de ce qui touche l'humanité ne ſauroit m'être étranger ».

Le Créateur lui-même, cet Etre Suprême & bienfaiſant, qu'on nous peint le pere & l'ami de ſes créatures, tiendroit-il un autre langage, s'il vouloit parler à l'homme, s'il vouloit ſe manifeſter à lui par ſes Loix ? Il ſeroit difficile de l'imaginer.

Catherine continue : » un grand (2) malheur dans un Etat, ce » ſeroit qu'un Sujet n'osât repréſenter ſes craintes ſur un événe » ment futur, excuſer ſes mauvais ſuccès par le caprice de la » fortune ; qu'il n'osât dire librement ſon avis ».

Tyrans de l'humanité aſſervie, fiers Deſpotes, qui prétendez ſoumettre nos conſciences comme nos volontés, regner ſur nos opinions comme ſur nos actions, eſt-ce ainſi que vous traitez avec l'Homme qui vous eſt ſoumis ? eſt-ce ainſi que vous reſpectez ſa liberté naturelle dans vos Loix ; que vous ſoutenez ſon courage, ou que vous ménagez ſa foibleſſe dans vos Inſtitutions ? La différence eſt énorme, ſans doute ; auſſi la crainte eſt pour vous, l'amour pour CATHERINE *; vous ne formez que des Eſclaves, elle n'a que des Enfans.*

De quel œil maternel elle les enviſage tous ! « Un Citoyen (3), » quel qu'il ſoit, dit-elle, Poſſeſſeur ou Cultivateur, Ouvrier

______

(1) Inſtruction pour le Code, art. 117, 520, 569, & ſuivans.
(2) *Ibidem.*
(3) Code des Loix de *Catherine II.*

» OU

» ou Marchand , Confommateur oifif , ou contribuant par fon
» travail aux objets de confommation , Maître ou Sujet , c'eft un
» homme : ce mot dit tout ; ce mot feul impofe à ceux qui gou-
» vernent , la loi de fubvenir à fes befoins ; ce mot fuffit pour leur
» fuggérer tous les moyens d'y fatisfaire ».

Humanité Sainte ! ah ! c'eft bien-là le langage que tu tiens aux bons Rois ! Peres de leurs Peuples , Emules de Dieu même , ils ont une Providence univerfelle comme lui ; une Providence qui ne faifant acception de perfonne , répand fur tout ce qui les entoure les tréfors inépuifables de la tendreffe qui les pénètre.

Auffi CATHERINE *conclut ,* » qu'elle (1) fe fera toujours gloire
» de penfer que ce n'eft pas le Peuple qui fut créé pour elle ; mais
» que c'eft elle qui fut créée pour le Peuple ». *Ce dernier trait acheve de vous peindre fon cœur , MM. il met le comble à l'admiration immortelle des fiécles , à la reconnoiffance de fes Peuples, & à celle de votre Académie dés Sciences de St. Péterfbourg , qui eft devenue la dépofitaire d'un Monument fi cher à la Nation Ruffe.*

Mais , quel combat de générofité & de reconnoiffance ! Quel admirable conflit de modeflie & de vertus ! CATHERINE *fe refufe à tous les noms flatteurs que l'amour lui offre ; à tous les titres honorables de* SAGE *, de* GRANDE *, de* MERE DE SES PEUPLES *, que le fentiment lui défère , & dont elle eft fi digne !* « Dieu feul eft
» Sage , Dieu feul eft Grand , dit-elle ; il n'appartient à aucune de
» fes foibles créatures de vouloir partager ces deux attributs avec
» lui ; & quant au titre de *Mere de la Patrie ,* fi ma vocation eft
» de le remplir , ce fera à la Poftérité à juger fi j'en fuis digne (2) .»

---

(1) *Ibidem.*
(2) Le Titre de *Grande ,* de *Sage ,* de *Mere de la Patrie ,* fut offert à l'Impéra-

E

Sous les yeux pénétrans de *Catherine* tout change dans fes Etats; tout prend une face nouvelle, tout s'éclaire; tel l'Aftre du jour précédé par la brillante aurore diffipe à fon lever les ténébres profondes qui couvroient la furface du Globe; *Catherine* ne fe laffe point dans fa courfe rapide, MM. elle veut atteindre le but de la perfection dans tous les genres: fon génie infatigable ne rencontre point encore les limites qu'il n'eft pas permis à l'homme de franchir; mais elle y afpire, & bientôt la vafte carriere qu'elle s'eft ouverte fera parcourue.

Des Savans dans tous les genres & de toutes les Contrées de l'Europe, font attirés, par l'appas des honneurs & des récompenfes, auprès de fon Trône.

Ainfi pour donner une confiftance folide au but qu'elle fe propofe, d'abord elle jette les premiers fondemens de l'Académie des Curieux de la Nature fur le modèle des Académies de Paris & de Londres: déjà même cette Compagnie connue dans toute l'Europe, renferme dans fon fein des hommes confommés dans les hautes Sciences, dont les travaux utiles contribuent infiniment à la gloire d'un Regne fi fécond en merveilles (1).

Si nous ne parlions dans cet inftant aux Membres qui la com-

---

ttice dans une Audience folemnelle par tous les Etats de l'Empire, repréfentés par leurs Députés à Mofcou, le 12 Août. Cette Princeffe refufa tous ces Titres; mais les Etats en drefferent un Acte, & fupplierent le Sénat de le conferver dans fes Archives. Ce fera un des plus beaux Monumens pour les Sujets, & pour leur Souveraine, aux yeux de la poftérité.

(1) Les Voyages des Académiciens dans l'intérieur de la Ruffie pour les progrès de l'Hiftoire Naturelle, faits par MM. Pallas, Geuclin, Lépechin, Guildenftedt, Georghy, Lowitz & Falk, depuis 1768 jufqu'en 1775, dont plufieurs font déjà publiés.

Les différentes Expéditions faites par ordre exprès de l'Impératrice pour l'Obfervation du paffage de Vénus devant le Soleil, arrivé en 1769. Les Aftronomes, tant Etrangers que Nationnaux, firent les Obfervations à Kola, à Gouvieft, à Orembourg, à Orik, à Jakoulzck, à Umbra & à Saint-Péterfbourg.

pofent, nous nous ferions empreffés, avec une forte de complaifance, de rendre hommage à leurs travaux utiles; mais nous devons ne nous occuper qu'à célébrer l'Augufte Princeffe qui en
fut la Fondatrice.

Des Colléges & autres Maifons d'Education (1), font élevés à
grands frais dans toutes les Provinces, fur les triftes débris de ces
Ecoles barbares, où les Maîtres étoient prefque auffi ignorans que
les Difciples. Des Géographes & des Aftronomes, diftibués jufques fur les confins de la Chine, fixent les limites de l'Empire &
en font des defcriptions exactes pour éclairer la Souveraine, lui
faire connoître l'étendue de fes poffeffions, de fes forces, & les
moyens de répandre fes bienfaits fur des Contrées dont on ignoroit pour ainfi dire l'exiftence avant elle; c'eft encore par fes ordres que des Botaniftes éclairés & judicieux parcourent d'un œil
avide les trois Regnes que recèle ce nouveau Pays. La Sybérie, le
Kamiaka, font maintenant, grace à leur zèle infatigable, auffi connues que les belles Provinces de l'Europe. Un nouveau Monde
enfin vient d'éclore à nos yeux dans ces Contrées fauvages & gla-
ciales. (2)

Mais le premier, le plus refpectable, en ce qu'il eft le plus utile
de tous les Arts, l'Agriculture, (3) s'empreffe de féconder des
déferts affreux couverts de forêts & de ronces depuis l'origine du

---

(1) Entr'autres Etabliffemens d'Education, une Ecole pour les Enfans Grecs & autres
Etrangers, profeffant la même Religion que la Ruffe, dont l'infpection générale eft
confiée à M. de Mordriufu, Lieutenant-Général & Chef du Corps du Génie; & M. Ru-
movikq, de l'Académie de Péterfbourg, eft Inftituteur de cette derniere Ecole.

(2) La Découverte des nouvelles terres dans la Mer de Lamchatca faite par les vaiffeaux Ruffes expédiés par ordre de l'Impératrice.

(3) Ce fut en 1766, que *Catherine* forma le bel Etabliffement de la Société Libre de
Saint - Pétersbourg pour l'avancement de l'Agriculture & de l'Economie.

Monde ; le Peuple Nomade , vagabond de fa nature , fe fixe enfin
dans le fein qui l'a vu naître ; des pays immenfes font aujourd'hui
couverts de riches moiffons. L'Agriculture en favorifant la population, enfante & nourrit les Arts utiles qui , à leur tour, ont
été fucceffivement tranfportés , & fe font, pour ainfi dire , do-
miciliés dans ce même Empire , où on ne ceffe de les protéger
parce que le Gouvernement n'a plus la ftupidité d'en méconnoî-
tre l'importance.

Des Atteliers, des Manufactures en tout genre & de premiere
néceffité, nourriffent & couvrent un Peuple immenfe que les Arts,
l'émulation & la rivalité ont arraché à l'oifiveté , & par conféquent aux crimes & aux mœurs atroces : tout s'agite, tout s'anime dans cette vafte partie du Monde : chaque individu s'efforce
de payer fon contingent à la Patrie qui le nourrit, & concourt à
l'Etat floriffant qu'elle acquiert chaque jour.

D'autre part, le Commerce , enfant de l'Agriculture, fe portant
par une pente naturelle , vers les lieux qui fecondent fes vues &
favorifent fes travaux, a déja fait les progrès les plus rapides. Tous
les Ports de mer de l'Europe ne font plus étonnés de voir le Mofcovite fréquenter fes Foires , rivalifer avec les Nations commerçantes, entrer même en concurrence avec les plus habiles, les plus
opulens Négocians.

Bientôt Péterfbourg, Riga, Revel, Cazeau, Aftracan, Azoph,
le difputeront aux Villes les plus commerçantes. Des Chambres
de Commerce ont été fagement établies dans les lieux qui en font
fufceptibles. L'on vient même d'en ériger jufques à Tobolk, Capitale de la Sybérie. Conftantinople , cette orgueilleufe Ville , a
été forcée de fe prêter à l'établiffement d'un Conful Ruffe. On a
fait de même dans toutes les Echelles du Levant & fur les côtes
de la mer Noire : point d'Ifle dans l'Archipel & dans la Mer Adria-

tique qui ne foit en correfpondance avec l'Empire Ruffe. Un Canal deftiné à réunir la Mer Baltique à la Mer Noire, à la Mer Cafpienne & à la Mer Glaciale, fait circuler les denrées & les Marchandifes du centre à la circonférence, & de la circonférence au
centre. Des travaux immenfes font auffitôt entrepris pour détour-
ner le cours de la Dwina qui par fes irruptions ravageoit Riga &
fes environs : des digues font oppofées à ce torrent rapide, &
Riga n'en devient que plus floriffante, que plus belle, & les Cioyens
qui l'habitent que plus tranquilles : c'eft ainfi qu'après avoir oppofé des digues redoutables aux paffions humaines, *Catherine* en élé-
ve contre les Elémens même, qu'ils ne pourront jamais franchir
ni renverfer. Une infinité d'autres villes malheureufes détruites
par la foudre, ou incendiées par des caufes fecondes que l'œil
vigilant de la Police ne peut jamais prévenir ni arrêter, font
auffitôt reconftruites des deniers du Tréfor de l'Empire. O Citoyens de Toula, de Cafan, de Dergebourg, de Derpt, de Stara-
ronna, de Largopol, de Serpouchow, de Torgiok, d'Aftracan,
de Biolorod & d'une infinité d'autres Bourgades ; c'eft vous qui
pourriez nous dire à combien de millions de roubles fe montent
les bienfaits que votre Augufte Mere a verfés dans vos Contrées
pour réparer les ravages que les élémens ont faits fur vos habitations !

O Religion de vos Peres! voici l'inftant même de ton triomphe!
des Miffionnaires infatigables que leur zèle apoftolique conduit
jufques fous le Pôle, arrachent à la barbarie, à l'erreur, des Peuples
vagabonds & errans, chez lefquels on ne trouve prefque pas de
trace de la Loi Naturelle : en diffipant leurs épaiffes ténébres, en
les civilifant, elle en fait auffitôt des hommes utiles à la Société
qui à fon tour contribue à leur bonheur. (1)

____

(1) Empruntons encore quelque expreffion du Difcours de M. de Domachneff, ne craignons même pas de confondre les dates.

L'antipathie Grecque pour le Catholique Romain difparoît in-
fenfiblement : celui-ci fe montre avec affurance jufques aux pieds
du Thrône, fans craindre les préjugés cruels d'une fuperftition
abfurde. Ah ! Citoyens du Monde ! quelle gloire pour *Catherine*
& quel bien pour l'Humanité, fi par fon influence s'opéroit enfin la réconciliation fi défirée des deux plus anciennes Eglifes de
l'Univers ! c'eft un vœu que nous ne cefferons de former; & plaife
au Ciel qu'il fe réalife un jour !

Toute autre Souveraine que *Catherine*, MM. croiroit en avoir
affez fait pour fa gloire & la félicité de fes Sujets ; mais jaloufe à
l'excès de leur faire partager avec les Peuples les plus floriffans
les richeffes de l'Amérique, elle employe encore les loifirs que
lui laiffe la paix glorieufe qu'elle a faite avec la Puiffance Otto-
mane, à former un projet étonnant qui, peut-être, auroit échappé
à la fagacité & au courage du *Czar Pierre Premier*.

Après avoir jetté à Archangel les fondemens d'une Marine redoutable, elle a effayé de doubler le Cap-Nord. Les Ruffes fes

---

La Fondation (dit-il dans les Notes de fon Ouvrage) de l'Ordre Militaire & Re-
ligieux de Saint-George, eft du 26 Novembre 1769, & l'Impératrice y attacha des pen-
fions.

La nouvelle Eglife bâtie fur la Place de l'Amirauté eft toute de marbre dont on a découvert des carrieres près de Pétersbourg.

Ce fut dès le commencement de la derniere guerre en 1769 que l'Impératrice inftitua
un Service folemnel pour le repos des ames de ceux qui y feroient morts en combattant.
Sa Majefté & tout l'Empire prend le deuil ce jour-là, & tous les Autels font occupés à offrir des facrifices pour les Héros de la Patrie. Cette folemnité, confacrée à leurs Mânes,
fait le plus grand effet fur les vivans. Je ne connois de nos jours, ajoûte l'Orateur
Ruffe, aucune inftitution dont l'objet foit fi grand & fi fublime. ¡..... L'inftitution,
libre & volontaire, d'une Oraifon & Priere publique & perpétuelle aux pieds des faints
Tabernacles, de 4000 vieux guerriers, telle qu'on la pratique à l'Hôtel des Invalides de
Paris, préfente encore un fpectacle plus impofant & plus digne de vénération & de refpect ; d'autant mieux encore que ce pieux exercice n'eft abfolument que volontaire.

Sujets animés de fon courage ; ayant bravé la faim, la foif, les orages, le froid glacial & les ténèbres prefqu'éternelles du Pôle, font parvenus à la Mer d'Anadir : cette Expédition eft auffi frapante que celle d'Améric Vefpuce & Gamma : ils ont formé des Etabliffemens dans l'Archipel qui fépare l'Afie de l'Amérique ; & que léur manque-t-il maintenant pour avoir un Commerce libre dans la Mer du Sud ? un Pont dans la partie feptentrionale de la Californie : fi ce Projet réuffit, comme on a lieu de l'efpérer de l'habileté de *Catherine*, de fa prévoyance qui faifit tout, & de l'audace, de la bravoure du Ruffe, on verra bientôt Péterfbourg & Mofcou partager avec Madrid les richeffes immenfes du Mexique, de la Nouvelle-Efpagne, du Pérou, du Chily, des Philippines & de la Chine même : les mines du Potofi feront vraifemblablement un jour l'appanage de la Ruffie.

L'influence de cette Puiffance redoutable fur les affaires générales augmente de jour en jour ; fes fuccès femblent annoncer les plus grandes révolutions dans le Syftême politique de l'Europe : ne pourroit-il pas arriver encore que le Mofcovite dont on ignoroit prefque l'exiftence il y a un fiécle, fît bientôt payer aux Nations moins fauvages qui fe trouvent à fon Midi, le mépris qu'elles fe font permis contre lui ? Outrage, à la vérité, qu'on peut comparer à ces feux éphémères, qui ne fe montrent que comme de foibles fimulacres d'orages, & fe diffipent en fe dévorant eux-mêmes, fans jetter la moindre allarme aux habitans de la terre qu'ils femblent menacer.

C'eft encore en vain, MM. que l'Anglois turbulent fe flatte, peut-être, que *Catherine* venant au fecours de fes forces prefque épuifées, déployera en fa faveur toute fa Puiffance pour opprimer des Peuples de l'Amérique, au défefpoir, qui ne combattent que pour leur liberté & n'être plus tributaires d'une Nation qui depuis des fiécles dévoroit fes propriétés. Vaines terreurs ; fauffes allarmes : la juftice, l'humanité & la prudente politique empêcheront toujours votre Souveraine de donner dans le piége que lui tendent depuis long-tems ces Infulaires inquiets & remuans ; la foudre n'eft point dans fes mains pour favorifer leurs iniques prétentions, injurieufes même à toute l'Europe. Qu'ils ceffent donc de s'arroger un vain phantôme de defpotifme maritime : que leur Pavillon n'infulte plus avec audace celui des autres Nations : alors leur infortune, qui bientôt deviendra défaftrueufe, fera oublier, peut-être, les maux infinis & injuftes que leur orgueil, plus encore que leurs forces navales, ont fait à tous les Peuples commerçans de l'Univers. (1)

____

(1) Plus un Souverain s'oppofera dans fes Etats à la liberté intérieure du Commerce, plus les Provinces qui les compofent, quoique fécondes en productions, s'appauvriront à la longue : c'eft une vérité trop généralement & malheureufement connue de tous les Peuples. N'en feroit-il pas ainfi de l'exécution d'un Syftême extravagant qu'auroit conçu une Nation, Syftême dont la bafe feroit un defpotifme autorifé par la force feule ? Par exemple, l'Angleterre dont la Capitale fe croit la Métropole de l'Univers, ne donne-t-elle pas dans cette erreur groffiere ? Enorgueillie de fes richeffes, ne s'imagine-t-elle pas être Souveraine des mers, & ne regarde-t-elle pas les Nations des quatre Parties du Monde comme fes Tributaires? Quelle folie ! Rois de la terre, ne cherchez pas à étendre les limites de vos Empires; confervez avec honneur, avec force vos poffeffions; communiquez librement & fans orgueil avec toutes les Puiffances du Monde ; étendez ainfi votre Commerce, vous & vos fujets ferez heureux, & regardez fur-tout les autres Souverains comme vos égaux, devenez par-là leurs Amis, leurs Alliés, vos Peuples le feront bientôt des autres Peuples.

Un Nouvellifte (*Faniente*) difoit un jour dans un Caffé, lieu public où par fois l'on dit des vérités, que fi l'Europe établiffoit jamais à l'inftar de Paris une Maifon de force pour les foux politiques, l'emplacement de la plaine de Grenelle, lieu fpacieux à la porte de Paris, ne fuffiroit pas pour y loger tous les turbulens de Londres, yvres de quelques profpérités paffageres, qui leur dérobent les pertes plus réelles pour leur Ifle, & dont tôt ou tard ils s'appercevront.

Concluons donc que la caufe légitime de la liberté du Commerce & de l'indépendance, que l'Efpagne, la Hollande & fur-tout la France, foutiennent aujourd'hui, eft celle de toute l'Europe, de tous les Souverains & de tous les Peuples.

Ne

Ne croyez pas, MM. que la flatterie, moins encoie la baffe adulation, guident aujourd'hui notre plume en vous traçant 'a fimple efquiffe d'un tableau fait pour étonner l'Univers quand il fera terminé; c'eft à vous que la gloire de cette noble entreprife en eft juftement réfervée. Mais que dis-je, MM ? les Mémoires Académiques, ou plutôt les Archives de votre favante Compagnie ne font-ils pas déjà enrichis de ce Tréfor Littéraire d'un de vos premiers Membres, fans doute traduit en toutes les Langues de l'Europe ainfi qu'il l'a été en la nôtre, par les foins de M. le Comte de Stroganoff qui l'a fait imprimer à Paris, en l'enrichiffant du plus grand luxe typographique ?

Pour nous, MM. nous nous croirons trop heureux, fi vous daignez feulement affocier à vos immortels Ecrits cette Production littéraire qui, peut-être, n'aura d'autre valeur auprès de vous, que celle d'avoir célébré en un langage adopté maintenant par toutes les Nations, les vertus politiques & les talens fublimes d'une grande Souveraine, & fait nos efforts pour embellir fon Eloge de fleurs dont l'Eloquence & la Langue Françaife font fufceptibles.

Oui, MM. votre Hiftoire célébrera avec plus de fuccès, fans doute, & avec bien plus d'énergie que nous n'avons pû l'entreprendre, les reffources déployées du vafte génie de *Catherine*; fes entreprifes fondées fur la plus profonde politique, & effrayantes, en quelque forte, tant elles paroiffent au-deffus de l'efprit humain : elle décrira fes conquêtes & fes fuccès prodigieux, qui ont fixé l'attention de toute l'Europe; elle vantera fon goût éclairé & exquis pour les Sciences & les Arts, publiera fur-tout les marques de générofité qu'elle n'a ceffé de donner aux Sçavans & aux Artiftes, de quelque Nation qu'ils fuffent; dévoilera les caractères de fa prudence, de fa fermeté, d'avoir, toujours à propos, fçu prévenir & terraffer les complots de la fourde jaloufie, étouffé les flambeaux de l'envie, affoupi les fureurs des confpirations : elle

F

admirera fur-tout le courage de cette Héroïne célèbre, quand elle triompha de tous les obftacles fans jamais avoir perdu un feul inf- tant cet équilibre qui toujours maintient les ames fortes dans la grandeur & dans la profpérité : enfin elle confignera à jamais dans les Familles qui compofent votre Nation, les traits de bienfaifance qui affurent à jamais à l'Empire Ruffe des fondemens inébranla- bles : & elle dira, que ce fut à la fage prévoyance de cette grande Princeffe que la Population devint tout-à-coup immenfe dans fes Etats ; que l'Agriculture, Mere commune des Humains, dut fon accroiffement, fon abondance ; & le Commerce univerfel avec tous les pays du Monde, fon extenfion, fon activité & fes richef- fes prodigieufes.

Telle fe montre toujours *Catherine* à la force de l'âge : & juf- ques où ne portera-t-elle pas fa réputation, fi le Ciel, comme vous avez lieu de l'efpérer, lui réferve des jours heureux & un long Regne ? Sans doute que votre reconnoiffance pour des bienfaits fi multipliés, lui prépare déjà des Autels élevés fur les fondemens de l'immortalité, & que vos illuftres Concitoyens fe difpofent maintenant à l'envi de confacrer à fa mémoire future un Temple décoré des attributs caractériftiques de fon glorieux Regne. C'eft dans l'intérieur de ce Temple Augufte où fon Image fera fixée, vous & vos Defcendans l'y contemplerez, comme ayant été la Protectrice de vos droits, le flambeau qui éclaira votre raifon, le foutien & l'embelliffement de votre Empire, le modèle & l'exem- ple des Princes qui régneront après Elle.

Mais que pour célébrer encore avec plus de pompe la gloire de cette grande Souveraine, les Dieux même de l'Olympe aban- donnent leur Séjour Célefte, qu'ils fe rendent au Portique de ce majeftueux Temple, qu'ils y dépofent à fes pieds leurs Sceptres & toutes les marques diftinctives de leur puiffance, en fe déclarant même fes propres Sujets.

DESCRIPTION

D'UN MONUMENT PUBLIC,

PROJETTÉ POUR ÊTRE ÉLEVÉ A SAINT-PÉTERSBOURG,

ET CONSACRÉ A LA GLOIRE

DE CATHERINE II,

IMPÉRATRICE DE TOUTES LES RUSSIES.

PAR L'AUTEUR DE CES DISCOURS (1).

A PEU près au centre de la Ville de Saint-Péterſbourg, Capitale de la Ruſſie, ſur les bords de la Newa, dans un eſpace vaſte & apparent, non loin du Port, & à la proximité, autant qu'il ſe pourra, du Palais des Souverains, l'on propoſe d'y conſtruire une Colonade demi-circulaire, appuyée de magnifiques bâtiments qui for-

---

(1) Le deſſein coloré de trois pieds & demi ſur deux pieds & demi de hauteur, & ſous glace, richement encadré, repréſentant ce Monument public, fut envoyé en 1780 à Sa Majeſté Impériale par l'Auteur, M. l'Abbé de Luberſac : M. le Prince Potemkin l'ayant préſenté à Sa Majeſté qui voulut bien l'agréer, & le fit auſſitôt placer dans ſes Cabinets, où il eſt toujours, ainſi qu'ont bien voulu le rappeller, M. & Madame la Comteſſe du Nord, à l'Auteur même, lorſqu'ils l'ont apperçu à la Bibliothéque du Roi à Paris, le 2 Juin 1781.

F ij

meront une Place publique fpacieufe , & pourront être
deftinés à divers ufages publics, foit en Hôtel-de-Ville,
Maifon de Gouvernement , Amirauté , Bourfes Publiques, Compagnie de Commerce , Edifices particuliers
pour les Grands de la Cour , & même Salle de Spectacle.

Sur le Pourtour de cette Colonade regnera une Ter-
raffe découverte en plate-forme : ces Colonnes qui la
foutiendront, d'ordre Dorique, ferviront de pieds-d'ef-
taux à des Statues colloffales en marbre ou en pierre,
repréfentant les Perfonnages illuftres de la Nation : ce qui
formera pour ainfi dire, une fuite vivante de Princes des
deux Sexes & d'Hommes célébres en tous les genres,
qu'aura produits la Ruffie , & préfentera un coup-d'œil
impofant & intéreffant aux Etrangers, fur-tout aux Nationnaux. Les extrémités de cette Colonade circulaire feront terminées par de très-forts pavillons d'Architecture
mâle , & décorée feulement de bas-reliefs caractérifant
les Triomphes & les Etabliffemens utiles de l'Impératrice
régnante. L'un des deux fera le Palais de Neptune ; l'autre en oppofition, le Palais de Mars : des bas-reliefs caractériferont ces deux Edifices,& exprimeront les Triomphes de *Catherine II.*

Au centre de cette Place publique , & fur les bords
du Quai, on élevera un Temple circulaire , confacré à
la Mémoire de la Souveraine regnante , qui fera envi-

ronné d'eaux-vives, pour qu'aucun Mortel ne uiſſe y avoir accès : cet Edifice, d'une conſtruction majeſtueuſe & élégante, aura quatre principaux Portiques, ſur l'un deſquels ſera gravée cette noble, mais ſimple Inſcription :

CATHARINA IIa. TETHIS ALTERA.

La coupole de ce Temple ſera ſoutenue par quatre Grouppes de colonnes, compoſés chacun de quatre qui feront ſurmontés de grouppes perſonifiés.

Le premier de ces Grouppes déſignera les Etabliſſemens utiles d'Ecoles publiques pour la jeune Nobleſſe qui ſe deſtine au métier des Armes, & qui doivent leur aggrandiſſement à l'Impératrice régnante.

Le ſecond, la formation des Académies des Sciences, Inſcriptions & Belles-Lettres, & celle des Arts, auxquelles la Souveraine acccorde la protection la plus marquée.

Le troiſiéme, l'Agriculture perſonifiée, environnée de diverſes & riches productions de la Nature.

Le quatriéme enfin, exprimera le Commerce & l'encouragement que la Princeſſe donne chaque jour à toutes ſes branches, tant intérieures que maritimes, & qu'Elle a ouvert ſur toutes les Mers connues, & porté juſqu'aux extrémités du Monde.

La coupole de cet Edifice fera furmontée d'un fuperbe Grouppe repréfentant la Victoire dans fon char,
fuivie & couronnée par la Renommée fonnant de la
trompette : le char roulant fur des nuages fera guidé par
la Renommée elle-même , & traîné par deux Aigles
noirs, fymbole de la Ruffie : leurs aîles déployées, tra-
verfant les airs d'un vol rapide , & rencontrant dans leur
courfe le Croiffant, fymbole de l'Empire Turc , faifiront
avec fureur, de leurs ferres & de leurs becs redoutables, cet
Aftre brillant, lui déclareront la guerre, & par des efforts
redoublés parviendront à le brifér : cette Victoire exprimera les Triomphes de *Catherine II.* fur *Muftapha III.*
Grand-Sultan.

Catherine II. revêtue de fes Habits Impériaux, la Couronne fur la tête , tenant le Sceptre Impérial à fa main
droite, aura pour cortége divers Génies repréfentant
les Grands de l'Empire ; ces Génies feront chargés des
Attributs du Trône, de ceux des honneurs en tous genres,
& des récompenfes ou marques diftinctives accordées au
Mérite & à la Valeur : cette Image de l'Impératrice en
marbre blanc , d'une ftature plus grande que nature , pa-
roîtra debout, s'appuyant fur Minerve qui l'accompagne-
ra ; & s'avançant d'un air majeftueux & fier du côté du
Port où font fes Flottes, elle appercevra Neptune, Souverain des Mers, monté fur fon Char, & abordant aux

pieds du Temple ; ce Dieu des Eaux fera précédé de Dauphins & de Tritons fonnant de la trompe, occupés à contenir les chevaux marins & fougueux attelés à fon Char, au moment que leur Souverain en defcend, armé de fon trident ou aviron ; il portera fes pas vers l'Augufte Princeffe, qui par un gefte expreffif, femblera lui donner auffitôt le Commandement abfolu de fes Flottes, & l'autorifer à traverfer plufieurs Mers inconnues aux Mortels.

Le char de Neptune femblera être forti d'un Antre profond, voûté en gros Rochers, à travers defquels jailliront des fources abondantes & écumantes par leur chûte précipitée : ces eaux viendront & tomberont du baffin qui environnera le Temple.

Au côté oppofé à cet Antre profond, d'où fera forti, ainfi qu'on vient de l'obferver, le Char de Neptune, l'on en appercevra un fecond, non moins confidérable, d'où l'on verra déboucher quatre Grouppes intéreffans qui caractériferont les quatre Mers que les Flottes de l'Impératrice fe propofent de traverfer pour aller attaquer celles du Grand-Sultan jufques dans fes propres Ports. Ces quatre Divinités, fuivies de Nayades & de Syrènes formant leur cortége, feront grouppées de maniere à faire voir qu'elles feront accourues jufqu'aux pieds du Temple confacré à *Catherine*, pour lui offrir leurs hommages &

tributs caractériftiques des Mers qui forment leur Empire : elles paroîtront également coëffées dans le coftu-
me qui leur fera à chacune le plus analogue, & fur leurs
Urnes ou Coquilles on lira les noms des Mers foumi-
fes à leur Puiffance.

Sur le haut des Rochers formant les voûtes de ces deux
Antres, & féparées feulement par les degrés qui conduifent au Temple, l'on verra fur celle d'où Neptune eft
forti, une Colonne de belle proportion ; & à fon pied
un Grouppe coloffal , repréfentant Hercule écrafant
l'Hydre de fa lourde maffue : cette Allégorie exprimera
les Confpirations & Conjurations intérieures étouffées
par la prévoyance & la fage politique de *Catherine* : la Juftice repofant aux pieds de cette même Colonne , confignera à jamais dans le Code National, les Loix fages que
Catherine a établies dans fes vaftes Etats. Ce Grouppe dé-
fignera encore l'harmonie qui regne maintenant entre
cette Souveraine , fes Grands & fes Peuples.

Sur la voûte de Rochers , oppofée à cette premiere ,
l'on voit une Obélifque que le *Tems* prend foin d'y fixer :
l'Aigle noir qui termine l'Obélifque, tient fupendu, dé
fon bec , le Fil de l'à-plomb.

La Mufe Clyo paroît debout ; & contemplant l'Impératrice , écrit fon Hiftoire fur une des faces de l'Obélifque.

SECOND DISCOURS

SECOND DISCOURS

SUR

LES VOYAGES EN FRANCE

Du Czar Pierre I, du Roi de Suede aujourd'hui Regnant; du Roi de Dannemarck, de l'Empereur Joseph II, de Leurs Altesses Impériales le Grand-Duc & la Grande-Duchesse des Russies.

Terminé par divers Tableaux exprimant la Réception faite à ces derniers, soit à la Cour de Versailles, soit chez les Princes du Sang & dans la Capitale.

Dédié à l'Académie Impériale de Saint-Pétersbourg, par M. l'Abbé de Lubersac, Abbé de Noirlac & Prieur de Brives.

Vous avez donc franchi les Mers Hyperborées ,
Ces immenses déserts & ces froides contrées
Où le Fils d'Alexis instruisant tous les Rois ,
A fait naître les Arts, & les Mœurs, & les Loix ?
. . . .
— Oui, je viens m'éclairer, m'instruire auprès de vous ,
Voir un Peuple fameux, l'observer & l'entendre.

Le Russe à Paris, par VOLTAIRE.

G

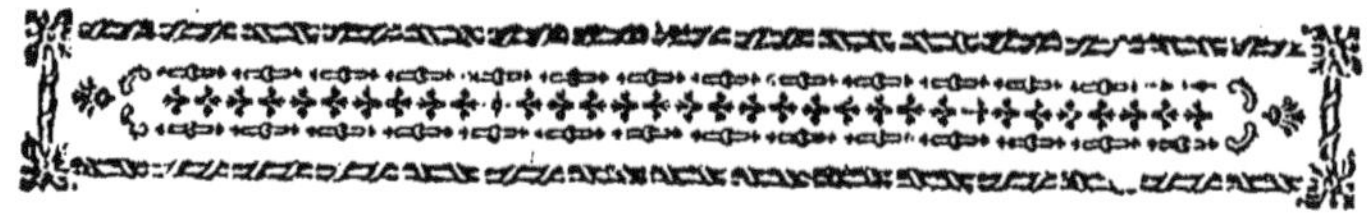

VOYAGES
EN FRANCE

Des Souverains du Nord, du Czar PIERRE I*, des* PRINCES DE SUEDE*, du* ROI DE DANNEMARCK*, de l'Empereur* JOSEPH II*, & de·Leurs Alteſſes Impériales le* GRAND-DUC *ET LA* DUCHESSE DES RUSSIES*.*

O ATHÈNES de la France , Métropole de l'Univers, *Paris*, quelle gloire pour toi de voir les Souverains du Nord s'empreſſer tour-à-tour de rendre hommage à ta célébrité, à ta ſplendeur ! Ces Princes, jaloux, ſans doute, d'obtenir un jour de leurs Peuples les beaux titres de Grands, de Bienfaiſants, euſſent penſé ne pas les mériter s'ils n'étoient accourus du centre de leurs Etats dans l'antique & brillant Empire de la France, pour devenir témoins de tout ce qui s'y eſt fait, & juger par-là de ce qu'ils avoient à faire. L'ame ſe fortifie par l'exemple, comme l'eſprit s'éclaire par l'inſtruction.

Vous nous l'apprenez, MM. le Czar *Pierre* votre Empereur, briſa le premier des fers qui depuis des ſiécles accabloient ſa Nation, & ce fut la France qui lui dicta cette premiere Loi de la Nature, que l'homme ne veut point être l'eſclave de ſon ſemblable : il doit ſeulement reconnoître la ſubordination qui lui eſt impoſée, comme devant faire ſa ſûreté & contribuer à ſon bonheur.

G ij

D'autres Princes, fans doute, à l'exemple de ce grand Homme & voifins des Ruffies, quittent Stockholm leur Capitale, viennent au printems de leur âge puifer au fein de la nôtre des leçons dans le grand art de gouverner les Peuples ; paroiffent à la Cour de Verfailles, y font accueillis, appppréciés & jugés dignes de la deftinée qui les attend. Tous les Temples des Arts, des Sciences & du Goût leur font ouverts, & tous font vifités par eux avec empreffement. C'eft ainfi qu'après avoir parcouru les Etats du midi de l'Europe, ces Princes fe rendent dans leur Patrie en-richis des connoiffances & des découvertes heureufes qu'ils ont pu recueillir dans leurs voyages; mais bien plus utiles pour eux que celui des Argonautes ne le fut à Jafon.

Le jeune Souverain de Dannemarck paroît enfuite à notre Cour : Louis XV. l'accueille avec cette bonté, cette affabilité qui tenoient au caractère de fon ame, & qui lui foumettoient tous les cœurs.

Ce jeune Prince, après avoir vifité nos Etabliffemens les plus remarquables, nos Monumens publics en tout genre, fe retire dans fes Etats, & bientôt il s'occupe à réformer des préjugés bar-bares enracinés depuis des fiécles dans fon Gouvernement ; dicte à fes Tribunaux, à fes Peuples, des Loix plus fages, fondées fur la faine raifon & la prudente politique ; protége & encourage l'agri-culture, ouvre un grand commerce dans toutes les Parties du Monde connu, enrichit fon Royaume, & ne s'occupe que du bonheur de fes Peuples ; & tels font les fruits heureux que ce Prince fçut cueillir dans fes voyages.

Mais à peine Louis XVI. eft-il affis fur fon Trône, que bientôt l'héritier du plus bel Empire de l'Europe, fon allié par le fang, fe montre dans fes Etats. Ce Prince, difons plutôt ce grand Homme, fe dépouillant de l'éclat de la Majefté Impériale,

& fe cachant fous les dehors d'un fimple particulier, arrive à notre Cour: les Grands, témoins d'une entrevue qui ne peut que devenir intéreffante pour la France, partagent déja les tranf-ports d'allégreffe que va reffentir notre Augufte Souveraine, fœur de ce Prince, qui devoit fe croire féparée pour toujours d'un Frere fi chéri.

Pardonnez, MM. fi je vous entretiens ici de la fenfibilité que ces deux grandes Ames durent éprouver en fe revoyant : ce fentiment divin, ce cri de la nature fe communique au même inftant à tous les cœurs François. Eh ! quel fpec-tacle plus raviffant pour des citoyens fidèles à leurs Maîtres, que celui d'appercevoir deux jeunes Monarques réunis, & de les entendre difcuter fur les moyens de procurer le bonheur à leurs Sujets ; de les voir, pour ainfi dire, affocier leurs vertus, & former une alliance d'amitié, alliance durable & facrée que le Ciel favorifera fans doute pour la félicité de deux Empires jadis trop long tems divifés ; mais qui maintenant réunis, tiendront la balance de l'Europe !

Ce Monarque, fous le nom de *Comte de Falskenftein*, arrive dans notre Capitale : fa population immenfe & agiffante l'étonne ; il croit fe retrouver au centre même de fes Etats, tant il apperçoit d'Etrangers Nationnaux de fon Empire qui l'environnent. D'abord il fe livre à étudier en grand Politique toutes les branches de notre adminiftration, nos prérogatives, nos libertés, nos mœurs, nos ufages, nos Loix fondamentales : il vifite nos Tribunaux où fiégent les Interprètes des volontés du Prince, des droits & des intérêts du Citoyen François.

Jaloux de connoître notre Tactique Militaire, ce Prince fe tranfporte au Champ-de-Mars, parcourt en Homme de guerre les rangs de notre premiere Phalange Françaife fous les armes ,

en admire la tenue , & rend justice au Chef Guerrier qui la commande , sur les savantes manœuvres qu'il a sçu faire exécuter aux
Bataillons nombreux qui composent ce corps d'élite & redoutable.

Mais un Edifice sacré qui par son exhaussement semble se perdre
dans les airs , frappe les regards de ce Souverain Etranger : ce
n'est point une citadelle redoutable qu'il va visiter , MM. c'est
un vaste tombeau consacré à la valeur ; il entre sous ces voûtes
majestueuses , habitées par des restes infortunés de Bataillons autrefois la gloire , la force & l'honneur de l'Empire des Lys. A
son approche , ces Guerriers courbés par l'âge & les blessures ,
paroissent reprendre leur ancienne vigueur & s'écrient en le
voyant :

« O Prince magnanime ! qu'autrefois nous apperçumes dans
» les bras de votre auguste Mère , lorsqu'elle vous montra à ses
» Bataillons pour les encourager au combat contre nous , voyez
» nos membres couverts de cicatrices & souffrans : c'est aux
» champs de Fontenoy, de Lauffeldt & de Raucoux que nous re
» çumes ces glorieuses blessures : votre présence nous fait mainte
» nant oublier nos douleurs ; cet asyle sacré est devenu la récom
» pense de nos travaux guerriers : nos derniers momens y sont
» tous consacrés à implorer le Dieu des Armées , pour qu'il
» donne une longue suite d'heureux jours à notre jeune Monar
» que , l'objet de notre amour , de notre vénération , & aux autres
» Princes qui , tels que vous , ne regnent que par la justice &
» l'honneur. Fasse le Ciel sur-tout que des Rejettons sacrés vien
» nent embellir la Tige Royale des Lys ! Nous savons , ô valeureux
» Prince , que vous aimez vos Soldats , que vous vivez avec eux ,
» que vous en êtes adoré ; soyez l'ami de notre bon Maître ,
» soyez-le à jamais. Vous nous avez donné dans la personne ado

» rable de votre augufte Sœur, maintenant notre Souveraine, un
» gage facré pour nous, qui nous confirme & nous promet cette
» alliance au moins pendant toute la durée de vos Regnes. Nous
» formons des vœux, grand Prince, pour que nos Bataillons & les
» vôtres ne fe voyent jamais que pour fe réunir & confondre leurs
» Drapeaux pour marcher enfemble à la gloire ».

Après avoir vifité l'intérieur de nos Temples facrés, parcouru
les Edifices où réfide la Majefté Royale, où repofe la politique
des Nations; après avoir, pour ainfi dire, fouillé les dépôts où
font confignés les chefs-d'œuvres de l'efprit humain, rendu
hommage à la célébrité de nos Savans, de nos grands Hommes
en tous les genres, les avoir même honoré de fon augufte préfence; ce Prince, dis-je, toujours avide d'inftruction, jugea
qu'il avoit encore d'autres récoltes à faire dans toute l'étendue du
Royaume de France; il favoit fur-tout que nos Frontieres Maritimes, nos Ports, nos Arcenaux, nos Villes de commerce l'in-
térefferoient bien plus encore peut-être que la Capitale. Il y vole
& devient tout-à-coup le fcrutateur & l'appréciateur des forces
de la Monarchie Françoife. Ce fut en quittant nos parages,
MM. que ce Prince rendit juftice à notre Nation, en s'écriant:
« J'ai donc vu l'Empire du Monde le plus floriffant & le plus
» intéreffant à connoître aux Princes qui veulent s'inftruire dans
» l'art de régner » !

Aujourd'hui, MM. le noble enthoufiafme des Princes du
Nord pour les voyages dans les contrées du midi, ne fe renou-
velle-t-il pas de nos jours ?

L'Héritier préfomptif de votre Empire, fuivi de fon augufte
Epoufe, après avoir parcouru l'Italie, ancien théâtre où brille-
rent les grands Hommes en tous genres, après en avoir pour ainfi
dire creufé les ruines pour en mefurer l'étendue, en prendre les di-

menfions, & comparer ces chefs-d'œuvres avec les Fabriques impofantes qui ont fuccédé aux beaux jours d'Athènes & de Rome antique; ces Princes, dis je, s'étant vivement pénétrés de cette confolante vérité, que l'homme qui veut s'inftruire pour apprendre à regner, doit contempler dans le repos l'ouvrage de l'homme fon femblable, deviennent eux-mêmes, & au même inftant, des Obfervateurs tranquilles & réfléchis fur tous les grands objets qui de leur nature font faits pour intéreffer l'homme de génie : mais rien ne les étonne, parce qu'ils font eux-mêmes au niveau du grand & du fublime.

L'antique & fuperbe Panthéon, la Bafilique impofante & moderne de S. Pierre de Rome, paroiffent à leurs yeux les deux premiers chefs-d'œuvres d'Architecture que l'efprit humain ait pu concevoir & réalifer; tous deux également capables d'apprécier tout ce qui s'offre à leurs regards, parcourent avec un égal intérêt ce fameux dépôt du Vatican où repofent les faftes littéraires des anciens Romains vainqueurs de la Grèce, & les chefs-d'œuvres du génie de ces deux Peuples qui éclairerent l'Univers : les Livres facrés de la Loi ancienne & moderne, manufcrits refpectables & précieux, font ouverts à leurs yeux; ils les contemplent avec un faint refpect. Le premier Pontife du Monde les accueille & adreffe des vœux au Ciel pour que les deux plus anciennes Eglifes de la Terre, la Romaine & la Grecque, fe réuniffent & n'en faffent déformais plus qu'une feule pour le bonheur de l'humanité croyante au même Dieu.

Après avoir fuivi quelques traces qui défignent encore plufieurs anciennes voies publiques, jadis aboutiffant à cette antique Ville, & apperçu, çà & là, quelques moles, quelques éminences, veftiges certains qui rappellent aux Obfervateurs curieux les tombeaux des illuftres Romains qui avoient combattu pour la

Patrie,

Patrie, ou mérité par d'autres moyens de leurs Concitoyens l'honneur de pareilles sépultures, nos illustres Voyageurs, après avoir gravi sur ces éminences formées de débris de Tombes, courent encore lire sur quelques-unes les noms des Césars, des Auguste, des Titus, des Cicéron, des Horaces, des Térences, des Ovides & des Virgiles : noms fameux dont quelques-uns éleverent l'ame des Souverains, d'autres échaufferent le cœur des Héros, & ces derniers inspirerent le génie de nos Auteurs modernes.

Ces Princes, après avoir ainsi médité quelques instans sur la fragilité des Empires, sur les passions humaines qui les ont tour-à-tour formés & détruits, & s'être bien confirmés de la grande vérité que le plus grand des Poëtes, Horace, a annoncé à tous les siécles à venir, que le tems ravage tout, *tempus edax rerum*, vont ensuite au Temple *des Arcades*, où siége cet Aréopage si connu de toute l'Europe, & singuliérement consacré à y disserter sur les productions du bon goût & du sentiment, plus analogues sans doute au génie de la Nation, que ne peuvent l'être les Sciences abstraites & trop profondes qui sont du ressort des Peuples éloignés du midi. C'est dans ce séjour qu'habitent les Muses aimables & riantes, où les Récipiendaires de tous les sexes sont caractérisés par des attributs analogues, consacrés aux travaux champêtres, & même désignés par les noms des anciens Pasteurs si connus dans les Eglogues de Virgile & les Chansons d'Anacréon.

Le Comte & la Comtesse du Nord embellissent, honorent cette premiere Académie de Rome : quelques Membres y expriment aussi-tôt les Eloges de ces Princes par des Odes, des Elégies, des Chansons même, productions charmantes, ingénieuses & variées, qui au même instant sont répétées & chantées dans mille concerts & annoncent à toute l'Italie qu'il existe dans leur Capitale deux

H

Divinités, venues des extrémités du Pôle, & bien capables, sans doute, d'embrâser leur verve & d'exciter leur Lyre (1).

Mais ces Princes ne pouvant s'arrêter dans leur courfe pour contempler à loifir des objets aufli précieux, aufli multipliés que ceux qui leur font préfentés, fe bornent à en faifir l'enfemble & à en graver dans leurs efprits & dans leurs ames les principaux traits, pour en terminer par la fuite cette premiere efquiffe & la rendre un tableau fini. C'eft donc avec peine, qu'ils s'arrachent de ce premier Mufée du Monde, & fortent de cette fameufe Gallerie de Raphaël que le laps des fiécles a prefque détruit, & qu'ils parcourent des yeux, & pour la derniere fois, ces reftes mutilés & épars des Dieux imaginaires en marbre & en bronze, jadis fabriqués par les Pygmalion & les Phydias, épris de leurs propres ouvrages.

Ces Princes entrent enfin en France, arrivent à Lyon, ville floriffante du tems même des Romains, & dont la population annonce aujourd'hui l'une des plus belles Capitales de l'Europe.

Bientôt ces illuftres Voyageurs font convaincus que cette Cité eft le foyer des Arts méchaniques qui ont rapport à la fabrication des étoffes précieufes, puifqu'elle fournit au luxe des quatre Parties du Monde : ils en vifitent aufli-tôt les atteliers, & voyent, non fans étonnement, un Peuple immenfe de fabriquants occupés à l'envi à faire jouer à leurs yeux les métiers compliqués de l'ingénieux *Vaucanfon*. De leurs mains induftrieufes fortent tout-à-coup & comme par enchantement d'heureux emblêmes tiffus d'or, de foie & de perles : ces chefs-d'œuvres divers, aufli riches que galans, font aufli-tôt offerts à ces Princes qui les accceptent, dans

---

(1) L'Auteur de cet Ouvrage a l'honneur d'être Membre de cette favante Académie.

l'intention flatteufe pour les Ouvriers qui les ont fabriqués, de s'en parer aux beaux jours où ils tiendront leur Cour.

Vous le favez, MM. les bons Princes deviennent toujours les Souverains des peuples même qui leur font étrangers, mais qu'ils daignent vifiter. O vous couple heureux & fenfible, vos actions de bienfaifance fuivent vos pas : fans cefte vos mains généreufes répandent fur les malheureux qui vous approchent des fecours abondans. Vous regardez avec intérêt cette portion d'hommes, fouffrante & abandonnée de fes femblables, comme vous appartenant, & vous la foulagez !

Tel eft donc le fort cruel des Empires les mieux gouvernés, que malgré les vertus des Rois les plus fages & les plus humains, il exifte toujours fur la terre une claffe de Citoyens accablés par la mifere, & qui pour jamais femble être deftinée au malheur ; mais peut-être un jour à venir, ce fléau terrible qui défole encore plus les campagnes que les villes, loin de fe propager, difparoîtra in-fenfiblement. Eh ! faffe le Ciel que les Puiffances de la terre, au lieu de porter le ravage & la mort dans leurs Etats refpectifs, fe concilient un jour pour ne former déformais fur le globe qu'une feule famille, unie d'intérêts ; & que n'ayant qu'un même prin-cipe, celui de rendre l'homme heureux, elles n'ayent encore qu'un feul fentiment philofophique & facré, difons plus, un feul Culte !

Enfin, MM. notre Capitale a reçu dans fon fein les dignes Héritiers du Trône des Ruffies. Le Comte du Nord apporte avec lui des lumieres qui étonnent le Midi, & qui pourroient rendre problématique la néceffité de fes voyages, s'il n'étoit démontré que le meilleur de tous les livres eft celui de l'expérience, & que la théorie n'en eft guères que l'avant-propos. Son augufte Epoufe a déja réuni les fuffrages de notre Cour, de cette Cour depuis fi long-tems célebre, où l'on juge en dernier reffort du goût, de l'efprit & des graces : Elle y brille de fon propre éclat, & captive l'amitié, la tendreffe d'une Reine qui en fait le premier ornement.

Notre jeune Monarque, dont la fage adminiftration nous rappelle fi bien l'économie refpectable de Louis XII, mais qui fait auffi déployer à propos la magnificence de Louis XIV ; notre digne Monarque, dis-je, n'oublie point d'en faire ufage dans une circonftance auffi flatteufe pour le Souverain que pour la Nation entière. Les Princes, les Princeffes du Sang imitent l'exemple du Roi. Les fêtes vont fuccéder aux fêtes ; la fomptuofité, la galanterie Françaife vont fe reproduire fous autant de formes différentes qu'elles auront occafion de reparoître.

J'anticipe fur les événemens, MM. j'abrége même quelques détails ; mais laifferai-je croire qu'une Princeffe qui a déja donné deux héritiers à l'Empire des Ruffies, ne fe fera pas empreffée de prendre part à l'allégreffe univerfelle de l'Empire Français, en vifitant le berceau où repofe le Rejetton facré & l'efpérance de la tige royale des Lys ? Vous êtes mere, ô grande Princeffe ! ce beau titre vous fuffit feul pour vous rendre encore plus intéreffante à notre augufte Souveraine. Si la fécondité des Princeffes eft le plus ferme foutien des Empires, elle eft également la gloire des unes & des autres : les Ruffies & la France ne femblent-t'elles pas être aujourd'hui privilégiées du Ciel fous ce double rapport ?

Rendus au repos dans notre Capitale, les deux illuftres Voyageurs combinent la marche qu'ils ont à y fuivre pendant leur féjour, & fe difpofent enfin à parcourir par ordre, les Monumens publics qui peuvent davantage les intéreffer.

Nos Temples facrés (1), nos Edifices deftinés à recevoir l'en-

---

(1) Les Princes du Nord furent fucceffivement vifiter nos Hôpitaux & nos principales Eglifes : d'abord la Métropole, *Notre-Dame.* Après avoir admiré la conftruction

fance & la décrépitude, leur font d'abord ouverts ; mais en même-
tems qu'ils obfervent les chefs-d'œuvres divers de nos meilleurs
Artiftes que ces Monumens contiennent , ils verfent abondam-
ment des fecours fur les Infortunés qui les entourent , & jettent
des regards compâtiffans fur les lits de douleurs, où bientôt vont
expirer ces victimes de la mifere.

Nous l'avons déjà obfervé, MM. c'eft ainfi que le *Comte de
Falckenftein* en France commença fes courfes dans notre Capitale,
& les auguftes Princes de Suéde & de Dannemarck.

---

de ce gothique, & fur-tout la partie du Chœur, dont le fond paffe pour l'un des plus
beaux morceaux de ce genre , ils furent du plus grand étonnement de voir la décoration
de ce même Chœur dans toutes fes parties, qui réuniffent la plus grande richeffe à la
perfection du deffin , & où tous les Arts femblent avoir concouru pour former un tout
parfait. Les Princes s'arrêterent particulierement à voir les divers chefs-d'œuvres de nos
meilleurs Peintres d'hiftoire, qui font répandus dans toutes les parties de cet édifice
facré.

La Sainte-Chapelle, élevée par la munificence de Saint Louis Roi de France , les
étonna par fa conftruction hardie & légere. L'un des principaux Membres de ce Chapitre
Royal qui eut l'honneur de recevoir les Princes du Nord à l'entrée de cet Édifice refpectable & Saint , eut auffi celui de leur porter la parole.

Quoique nous nous foyons refufés aux empreffemens d'une infinité de perfonnes, de
rapporter dans notre Ouvrage diverfes productions très-ingénieufes , très-bien écrites,
intéreffantes même & faites à l'occafion de ces Princes, foit en vers , foit en profe , nous
avons cependant crû ne devoir pas omettre celle-ci.

Ce petit difcours , prononcé fur le champ & fans préparation, porte avec lui fon
éloge.

Monfieur le Comte & Madame la Comteffe du Nord ;

« Après avoir vu le plus chéri de nos Rois, vous venez aujourd'hui vifiter les cendres
» du plus Saint. Cet antique Monument renferme les trophées facrés remportés par fes
» pieufes mains, & fon efprit immortel applaudit en ce moment aux auguftes Princes qui
» promettent au Nord d'accroître la fplendeur dont *Pierre* & *Catherine* l'ont fait briller.

» Quels vœux formerons-nous dans un jour auffi folemnel ? C'eft ici le Temple du
» Dieu de Paix ; nous ne demanderons point pour vous la gloire cruelle des conquêtes ;
» il en eft une plus belle pour des Princes qui , pour regner fur tous les cœurs, n'ont
» befoin que de fe montrer ».

Vous vous rappellez fans doute que lorfque le Czar *Pierre* fut rendre hommage à la cendre immortelle du plus grand Politique qu'ait eu la France dans la perfonne du Cardinal de Richelieu, ce Prince fe précipita fur l'image glacée de ce grand Miniftre en s'écriant : *O grand Homme ! que n'es-tu encore vivant ! je te donnerois la moitié de mon Empire, pour apprendre de toi à gouverner l'autre !* A fon exemple, fon arriere-petits-fils vole au même Tombeau, y fixe long-tems les traits de ce grand Miniftre exprimés fur le marbre, & parcourt l'intérieur de ce magnifique Temple élevé par ce Prince de l'Eglife Romaine (1), & deftiné à l'ufage de la premiere Ecole du Chriftianifme.

Mais, MM. *le Comte du Nord* fait plus encore : en homme

---

(1) Entr'autres obfervations judicieufes, folides & vraies que *Monfieur & Madame la Comteffe du Nord* ont faites fur ce monument, l'on a remarqué celles-ci, forties même de la bouche de *Madame la Comteffe du Nord.* « Je ne puis trop admirer, dit-elle, » la beauté de ce Maufolée, fur-tout l'expreffion encore animée du principal groupe » qui eft celui du Cardinal, & prêt à mourir ; (les Artiftes Sculpteurs & Peintres appellent ce morceau *le Marbre vivant*) ». Mais cette figure qui de fa main cache » & dérobe fa douleur, me femble fi fupérieurement deffinée, les draperies fi bien » jettées, les formes du corps fi heureufement exprimées & belles, que tout cet en- » femble de perfection me ravit. Puis fixant le beau Chrift en marbre, grand comme » nature, qui eft fur l'Autel ; c'eft un fuperbe morceau, dit-elle, exprimant vivement » les angoiffes de la douleur & du trépas ; mais je trouve que la draperie qui le ceint » eft beaucoup trop baffe. Cette réflexion eft très-judicieufe.

Enfuite parcourant l'intérieur du Dôme, elle finit par dire à M. le Comte du Nord, que ce Monument étoit un diminutif, ou plûtôt une Mignature exacte & parfaite de Saint Pierre de Rome : en effet, cette Princeffe ne s'eft point trompée, & s'eft très-bien rappellé que l'intérieur du Dôme de S. Pierre a du fervir de modele à celui de Sorbonne, étant du même ordre, & les mêmes proportions ou à peu près y étant obfervées. Aujourd'hui même ce dernier fert de modèle & d'étude aux Architectes qui ont de femblables entreprifes à réalifer ; tellement que les Artiftes qui conduifent l'Edifice de Sainte Genevieve y font venus en prendre les dimenfions & proportions des coupoles, des volutes, &c. pour en faire l'application au Dôme intérieur du centre de l'Eglife de Sainte Genevieve.

Philofophe & dépouillé de tous les caractères de la grandeur, il court honorer de fa préfence l'un des Philofophes qui en ce jour illuftrent le plus notre Nation : cette vifite auffi imprévue qu'honorable, ne déconcerte point la modeftie du favant *d'Alembert*, fi connu de votre augufte Impératrice : mais l'éclat du Diadême philofophique ne femble-t-il pas également briller fur le front du Prince & de l'Académicien ? En effet, quelle gloire pour un Savant illuftre, capable de former des Rois, de fe voir au niveau des Souverains même !

Mais où ces Princes portent-ils leurs pas ? Les voici qui s'arrêtent au portique de notre Bafilique moderne que la munificence de *Louis XV*, & la générofité des Citoyens de la Capitale, ont élevée à la mémoire de leur Sainte Patrone (Geneviéve.) Quoique l'intérieur de cet édifice facré ne foit point encore terminé, cependant le fuft majeftueux & les belles proportions des Colonnes Corinthiennes qui en foutiennent le péryftile, leur annonce que ce Monument fini pourra être mis au nombre des premiers chefs-d'œuvres de ce genre.

Ils arrivent enfin au premier Attelier du Monde, Mufée pour ainfi dire vivant, & où les teintes brillantes des Juliennes le difputent à la pourpre de Tyr, à l'or & à l'azur de l'Orient ; où le travail & l'art aveugle des Ouvriers, égale, fans qu'ils s'en doutent, les chefs-d'œuvres des Raphaël, des Pouffin, des Lebrun, des Détroy ; Manufacture célèbre qui les multiplie pour en décorer les Palais de nos Rois, ceux des Princes de l'Europe, ceux même des Puiffances de l'Afie. C'eft-là que les Princes du Nord voyent, par un art magique, paffer tour-à-tour ces fcènes hiftoriques & intéreffantes qui ont occupé le vafte théâtre du Monde depuis fon origine : fixent avec encore plus d'intérêt l'Image facrée d'une fuite de nos Rois & leurs actions : parcourent les conquêtes

d'Alexandre contre Porrus, par le Brun ; l'école d'Athènes ;
la vifion de la Croix à Conftantin , & Héliodore. Ces derniers
fujets les frappent plus particuliérement : mais de quel étonnement
ne font-ils pas faifis quand le Chef de cette Manufacture Royale
leur annonce que le Palais des Souverains de la Ruffie fera bientôt
décoré de ces chefs-d'œuvres ! A ces traits généreux & grands ,
ils reconnoiffent la munificence Royale des Monarques François.

Monfieur & Madame la Comteffe du Nord varient chaque jour
leurs occupations avec choix & avec goût ; ils ne craignent point
de s'engager dans le labyrinthe tortueux, mais, varié de la nature ,
formé de plus de dix mille plantes & d'arbriffeaux. Le Jardin
Royal , ce phénomène unique dans fon efpèce , fixe & déter-
mine leur curiofité : ils en parcourent déjà tous les détours , & ne
s'arrêtent que pour connoître l'odeur de certaines plantes , la
forme des autres & les propriétés de toutes. Eh ! MM. que n'avons-
nous en ce moment les pinceaux magiques de nos Plines François, les de Buffon, les Daubanton, pour rendre les tableaux
riches & variés de la Nature que contient cet immenfe Magazin !
nous vous en peindrions fous mille traits les merveilles, & nous
vous entretiendrions fur-tout avec complaifance des profondes
connoiffances *de Monfieur & de Madame la Comteffe du Nord* fur
tous ces objets, en général fi peu connus.

   Mais, MM. voici déja ces Princes rendus au périftyle d'un
Edifice plus intéreffant encore pour l'homme de génie , élevé &
enrichi par la libéralité d'une fuite de nos Rois, des Princes &
des Bienfaiteurs en tous genres, Mufée nationnal qui contient les
chefs-d'œuvres divers relatifs aux Sciences, aux Lettres & aux
Beaux Arts (1).

(1) L'on doit obferver ici , *que Leurs Alteffes Impériales Monfieur le Comte & Madame
la Comteffe du Nord* ont toujours été accompagnés dans leurs courfes de M, le Prince

C'eſt le deſcendant des Savans Bignons auxquels ce dépôt précieux fut confié par nos Rois, & qui leur doit le bel ordre qui y régne aujourd'hui; c'eſt ce dernier, dis-je, en ſa qualité de Grand-Maître de la Bibliothèque du Roi, héritier d'un nom à jamais chéri dans ce Temple des Sciences & des Lettres, qui ouvre à ces Princes les Tréſors les plus rares de ce Monument public. Des Savans Bibliothécaires avoient déjà pris ſoin d'expoſer ſur les bureaux tout ce qu'on avoit jugé pouvoir être le plus agréable à *Leurs Alteſſes Impériales*, qui après avoir demandé quel étoit l'ordre dans lequel les Livres étoient diſtribués, s'arrêterent pour examiner une ſuite unique des premiers Ouvrages imprimés, afin de ſe convaincre, pour ainſi dire, par les faits, des commencemens, des progrès de cet Art qui a tant facilité & multiplié les productions de l'eſprit humain, en les reproduiſant ſous toutes les formes qui perpétuent & immortaliſent les Arts & les Sciences.

On leur montre enſuite un objet bien plus intéreſſant pour eux; c'eſt le premier Traité de commerce & la premiere Alliance entre la France & la Ruſſie, dans un exemplaire magnifique, ſuperbement enluminé, à l'uſage de nos anciens Rois: ces deux Traités donnerent lieu à *M. le Comte du Nord* de développer ſes connoiſſances profondes ſur notre hiſtoire & celle des Ruſſies.

Comme ce Prince & ſon auguſte Epouſe avoient une opinion différente de celle qu'on leur préſentoit ſur deux faits hiſtoriques, relatifs à la Princeſſe Anne femme de Henri I, & fille d'Iaroſloff

---

Bariatinski leur Ambaſſadeur, ſouvent de pluſieurs Seigneurs Ruſſes ; & *Madame la Comteſſe du Nord*, de ſa Dame d'honneur & Dames de compagnie, du nombre deſquelles a ſouvent été Madame la Baronne d'Oberckerich, née Comteſſe de Walthener Alſacienne.

I

Grand-Duc des Ruffies, ils parurent défirer qu'on leur citât des autorités; ce que l'on fit. Témoignant enfuite le défir de vérifier eux-mêmes les citations, on ordonna d'apporter les ouvrages; ce qui s'exécuta encore avec tant de célérité, que le Prince, la Princeffe & les Spectateurs qui les environnoient en parurent d'un étonnement incroyable, & adrefferent des Eloges mérités à MM. les Bibliothécaires fur le bel ordre qui régne dans cette immenfe Bibliothéque.

Nous ne pouvons omettre ici un trait infiniment honorable à *M. le Comte du Nord*, & qui en quelque forte nous a femblé plus admirable que la variété & l'étendue même de fes connoiffances : c'eft la candeur avec laquelle, après avoir vérifié les citations, il daigna dire aux Spectateurs en élevant la voix... *J'ai tort; M. le Bibliothécaire a raifon* (1). Cependant ayant eu occafion d'examiner, depuis, cette queftion; il eft réfulté de cet examen que les autorités fembloient dépofer en faveur de l'opinion premiere de *M. le Comte du Nord*

Nous ne devons pas non plus oublier que toutes les fois que les Livres expofés à deffein fourniffoient l'occafion de rappeller des faits glorieux à la Ruffie; *M. le Comte du Nord* trouvoit pareillement l'occafion d'en citer de femblables, ou à-peu-près, des mêmes fiécles, & également honorables aux Français. Bornons-nous maintenant à affurer que tout ce que la flatterie fe plaît ordinairement à exagérer des perfonnes d'un rang fuprême, la vérité doit aujourd'hui l'avouer en parlant de Leurs Alteffes Impériales du Nord (2).

____

(1) C'eft à M. l'Abbé Defolnais, Bibliothécaire, à qui le Prince adreffoit la parole ; & nous nous empreffons d'annoncer que c'eft à ce Bibliothécaire érudit, à qui nous fommes redevables de cet article important.

(2) Par une attention délicate de M. le Bibliothécaire, qui avoit ordonné qu'on mît à part fur un Bureau une fuite choifie de Livres Ruffes, curieux & rares; au moment où le Prince s'approcha de la table, M. le Bibliothécaire en prit un Volume, & le lui

LES Monumens publics décernés à la gloire de nos Rois, &
formant une partie de la décoration de ce vaste Edifice, sont
également expliqués par ces Interprètes habiles (1).

Les Globes terrestres d'un diamètre extraordinaire, du savant
Pere Coronelli, Géographe Vénitien, sont apperçus & fixent
les regards de *Leurs Altesses Impériales* (2): successivement d'au-

---

présentant tout fermé, il lui parla à-peu-près ainsi . . . *M. le Comte*, cet Ouvrage a été
» composé pour servir à l'éducation d'un Prince, qui aujourd'hui fait l'espoir d'une
» grande Nation, dont il doit un jour faire le bonheur : la Renommé *nous avoit appris*
» à l'admirer, sa préfence fait plus encore, elle nous le fait chérir » . . . *M. le Comte
du Nord* un peu impatient de savoir quel est l'ouvrage & le Prince dont on lui parle,
fait ouvrir le Livre, & reconnoît une production faite pour son Education par M. l'Archevêque *Platon* son Précepteur : le Prince rougit, & témoigna à M. le Bibliothécaire
sa sensibilité dans les expressions les plus obligeantes ; ensuite *Monsieur & Madme la
Comtesse du Nord* parcoururent les Livres Russes avec une satisfaction & un plaisir qui
brilloient sur leur visage, & crurent se retrouver en ce moment même, à la Bibliothèque Impériale de Pétersbourg.

(1) M. l'Abbé Defolnais, Bibliothécaire, donna à Leurs Altesses Impériales l'explication du beau Monument (le Parnasse Français de Titon du Tillet,) érigé à la
gloire immortelle de Louis le Grand & de la France. Il indiqua les noms de tous les
Savans qui y sont représentés au naturel, & forment une infinité de groupes posés sur le
Rocher du Mont-Parnasse : ensuite, ces Princes examinerent les deux grands Tableaux
représentant un Obélisque posé sur les rochers de l'immortalité, environné de groupes,
désignant les vertus de Louis XVI, dit le Bienfaisant, & consacré à sa gloire, par
l'Auteur de ces Discours.

(2) *Description des Globes qui furent placés, dans leur origine, au Château de
Marly, & qui depuis peu d'années ont été déposés avec la plus grande
magnificence dans une salle construite exprès à la Bibliothèque du Roi,
par les soins de M. Bignon, Grand-Maître de la Bibliothèque.*

Au commencement de l'année 1704, Louis le Grand fit poser dans les deux der-
niers payillons du jardin de son Château de Marly, les globes que son Eminence
M. le Cardinal d'Estrée avoit fait construire avec un très-grand soin par le Pere
Coronelli, Vénitien. Ces Globes ont chacun douze pieds de diamètre, & par conséquent
trente-sept pieds huit pouces & demi de circonférence. Sa Majesté en a fait faire les
Méridiens & les horizons de bronze, lesquels sont soutenus chacun par huit colonnes de

I ij

tres Savans dans la science profonde des Antiques , déployent à
leurs yeux tout ce que l'Antiquité à produit de plus remarquable
à la gloire des Empereurs de la Grèce , de Rome & à -elle des

---

même matiere , & les Méridiens font portés fur deux pieds de bronze , qui font enrichis
de tous les ornemens qui y ont du rapport.

Entre les quatres Confoles qui forment les pieds des Méridiens , on a mis fous chaque
Globe une grande Bouffole enrichie de marbre & de bronze. Ces Bouffoles marquent la
déclinaifon de l'aiguille aimantée , qui étoit au commencement de l'année 1704 de neuf
dégrés fix minutes du Septentrion vers le couchant.

Tous ces Ouvrages ont été exécutés par les plus habiles Ouvriers de ce tems , fous
les ordres de Manfart , Sur-Intendant des Bâtimens de Sa Majefté.

On a placé fur le Globe célefte toutes les Etoiles fixes qui font oftenfibles à la vue
fimple , & les Conftellations qui les comprennent , fuivant les anciens Aftronomes &
les Modernes , avec la route que quelques Comètes ont tenue. On y voit auffi le lieu
de toutes les Planettes au tems de la naiffance de *Louis le Grand.*

Toute la peinture d. ce Globe eft bleue , & les Etoiles & les principaux cercles y font
de bronze doré & en relief , pour leur donner plus d'état.

Son Eminence a fait graver dans un cartouche fur une lame de cuivre doré , la
dédicace de ce Globe qu'il fait au Roi en ces termes :

A l'Augufte Majefté de Louis le Grand , l'Invincible , l'Heureux , le Sage ,
le Conquérant ,

CÆSAR , Cardinal d'Eftrées ,

A confacré ce Globe célefte où toutes les Etoiles du Firmament & les Planettes font
placées au lieu même où elles étoient à la naiffance de ce Glorieux Monarque , afin de
conferver à l'éternité une image fixe de cette heureufe difpofition , fous laquelle la
France a reçu le plus grand préfent que le Ciel ait jamais fait à la terre.

M. DC. LXXXIII.

Difons ici que la Bibliothéque Impériale de Péterfbourg a auffi deux Globes très-
célèbres.

Celui que l'on fit venir en 1752 de Mofcov , a fept pieds de diamètre , & il eft de
cuivre.

Le fecond eft celui qu'on appelle de *Gottorp* ; il a onze pieds de diamètre : la partie
convexe repréfente la terre : la partie concave ou la périphérie intérieure , repréfente le firmament azuré avec les Etoiles en cloux dorés. En tournant le Globe par le
moyen de la vis d'architecture appliquée fous la table , on voit le lever des Etoiles , leur
paffage au Méridien & leur coucher.

grands Hommes de toutes les Nations du Monde ; c'eſt-là qu'elles apperçoivent les boucliers de Scipion , d'Annibal ; le tombeau de Childéric I Roi de France ; un grand nombre de Figures, de Buſtes, de Vaſes précieux, d'Inſtrumens des Sacrifices , des Marbres chargés d'Inſcriptions ; enfin d'une quantité prodigieuſe de Médailles de toutes les grandeurs, de toutes les formes & de tous les métaux, frappées dans la Grèce, à Rome & dans toutes les parties de l'Univers. Quel ſpectacle plus intéreſſant pour des Princes, que celui de voir un Peuple immenſe de Souverains & de grands Hommes réunis dans un petit eſpace, & d'y diſtinguer *les Alexandre*, *les Cæſars*, *les Auguſte*, *les Charlemagne*, *les Pierre I*, *les Louis*, *les Joſeph*, *les Frédérics*, *&c !*

Dé ce Muſée, fait, ſans doute, pour donner de l'énergie à l'ame des Princes qui le viſitent, *les Comte & Comteſſe du Nord* vont quelques inſtans diſtraire leur imagination & contempler de nouveaux objets plus variés encore. Toujours conduits dans les divers cabinets de ce riche Monument, par celui qui en eſt le Grand-Maître, (M. Bignon , Conſeiller d'Etat,) ils entrent au cabinet des Eſtampes, des Mignatures, & qui contient également un très-grand nombre de planches précieuſes en cuivre : Collection la plus riche dans cette partie, qui exiſte en Europe, & la mieux en ordre, due aux ſoins & aux travaux les plus conſtans du Garde actuel de ce Tréſor. Suivons la marche que nos Illuſtres Etrangers vont ſuivre dans cette partie ſi intéreſſante pour les Arts, & même pour les Sciences (1).

______

(1) Nous devons cet article intéreſſant à Meſſieurs Joly , pere & fils , Gardes de ce précieux Cabinet : il ne contribue pas peu à embellir & enrichir notre ouvrage ; de tels ſecours puiſés dans les ſources mêmes , aſſurent toujours le ſuccès de ſemblables entrepriſes Littéraires

Le premier objet fur lequel *Leurs Alteſſes Imperiales* fixerent la vue, fut le magnifique Deſſin à l'encre de la Chine, de la Mer Caſpienne, meſurée par les ordres du *Czar Pierre-le-Grand*, leur Biſayeul. (Ce précieux don décore la principale entrée de ce riche Dépôt.) La friſe qui ſe voit au bas de cette curieuſe Carte, & qui avoit fixé, un luſtre auparavant, l'attention de *M. le Comte de Falkenſtin*, frappa auſſi les regards du Prince & de la Princeſſe ; ils y virent les Aînés de la Maiſon de Baviere, juſqu'à l'an 1400. Ce morceau précieux par la fidélité des coſtumes, & par cette biſare chauſſure dite *à la Poulain*, défendue par Arrêt du Parlement, fut donné au Cabinet des Eſtampes du Roi en 1756, par M. l'Abbé de Fontenu, de l'Académie des Inſcriptions & Belles-Lettres.

Les Comte & Comteſſe du Nord, rendus dans le grand Cabinet, commencerent par examiner le premier volume des Plantes peintes en mignature, d'après celles qui ſe voyent au Jardin Royal de Botanique : la beauté, la juſteſſe, & leur ſuperbe exécution frapperent tout à la fois ces Illuſtres Obſervateurs : étonnés de voir la Nature ſi bien rendue, ils ne purent s'empêcher de donner des éloges mérités aux Peintres qui furent choiſis par *Gaſton d'Orléans*, *Louis XIV*, *Louis XV* & *Louis XVI*, & principalement à Nicolas Robert, premier Peintre, qui commença cette ſuperbe Collection, laquelle monte aujourd'hui au nombre de 60 Volumes *in-fol.* y compris les Oiſeaux, les Quadrupedes, les Inſectes, les Poiſſons, & les Coquilles. Joubert, Aubriet, & Magdeleine Baſſeporte, eurent l'honneur d'être choiſis pour travailler ſucceſſivement à cette branche ſi inſtructive & ſi intéreſſante de la connoiſſance parfaite de la Nature. La Princeſſe demanda au Garde des Eſtampes, ſi les Plantes peintes en mignature, qu'elle voyoit avec tant de plaiſir, étoient dans cette même fraîcheur, & ce bel éclat, que le Peintre savant avoit si bien rendu ? Le Garde prit la liberté de lui répondre, que le Peintre avoit rendu les trois âges de la Plante, sa naissance, sa floraison & sa maturité; & qu'au Jardin Royal que Son Altesse Impériale sortoit de voir, les Plantes ne pouvoient être considérées que dans l'un de ces trois tems. L'esprit & la profonde érudition de cette Princesse, lui firent bientôt concevoir l'heureux enthousiasme de l'Artiste.

L'origine de la Gravure en taille-douce, attribuée à Mazo Finiguerra, Orfévre Florentin, en 42 morceaux, sçavoir, dix Vignettes qui ont servi à décorer la premiere Edition du Poëme de l'Enfer *du Dante*, faite depuis à Florence, par *Nicolo di Lorenzi della Magna en* 1481. 21 Prophètes, avec huit Vers au bas ; vingt-deux Sibylles, avec huit Vers au bas. Une petite Pièce ceintrée, représentant la Conversion de Saint Paul. Ce morceau aussi rare que précieux, captiva l'attention de M. le Comte du Nord, qui le considéra attentivement, & crut reconnoître pour ainsi dire, *le faire* de l'unique Callot, pour son minucieux & érudit détail. Ce fut non sans émotion qu'ils virent les progrès étonnans que la Gravure fit peu après, sur-tout en parcourant l'œuvre du célébre Marc-Antoine, Graveur chéri de l'immortel Raphaël, dont ils parcoururent aussi la superbe Gallerie peinte au Vatican : ils savoient que c'est aux soins du Pape Ganganelli, qu'on est redevable d'avoir arraché des mains destructives du Tems, cet Ouvrage de près de trois siécles, & à jamais célébre, qu'il étoit près d'anéantir.

Les Galleries de Raphaël précieusement enluminées, Présent du Pape Ganganelli à Louis XV, sont déployées à Leurs Altesses Impériales, qui semblent s'y trouver transportées de nouveau.

Un Porte-feuille, contenant des Dessins de la main même de

nos Rois & Fils de Rois, Freres de Rois : la Princesse y prit le plus
vif intérêt , & vit avec plaisir les Arts chéris, carressés & même
cultivés par leurs Mecènes ainsi que par la Noblesse , poursuivie
pour ainsi dire par le Talent : mais ce Porte-feuille, tout précieux
qu'il est , acquerroit sans doute un mérite de plus, si un jour
il pouvoit réunir quelques fruits des délassemens *des Comte &
Comtesse du Nord*.

La Sainte-Face , morceau étonnant , & gravé d'un seul trait
en spiral , par *Claude Mellan* : la singularité de ce procédé parut
surprendre les Princes Etrangers.

Le Voyage Pittoresque de la France , Ouvrage immense, & si
bien conduit , par M. de la Borde , a mérité à cet Amateur des
Arts les Eloges les plus flatteurs de la part du Prince & de la
Princesse ; Eloges d'autant plus précieux, qu'ils partoient de Souverains éclairés , & qui ont témoigné les plus vifs regrets de ne
point encore posséder en entier ce travail naissant, mais qui dénote
à tous égards l'Homme instruit & le bon Citoyen.

Plusieurs Porte-feuilles, dont l'un contient tous les Portraits
des Rois , Reines de France , Princes du Sang Royal ; un autre
les Czars , les Empereurs & Impératrices des Russies ; tous avec
leurs Costumes du tems : enfin , un troisiéme Porte-feuille, contenant les Souverains de la Maison de Wurtemberg. Ce ne fut pas
sans attendrissement, mêlé de la plus respectable modestie , que
la Princesse arrêta ses regards sur les Portraits de ses illustres
Ayeux ; disons encore qu'elle lut entierement & avec la plus
grande attention, une Lettre écrite au Garde de ce précieux Dépôt, de la main du Duc de Wurtemberg regnant, son Oncle (1) :

Paris , 10 Février 1776.

» (1) En vous envoyant , Monsieur, la Table Chronologique de mes Ancêtres, je

son

son étonnement & celui du Prince ne fut pas moindre en apprenant que les Porte-feuilles qu'ils avoient sous les yeux faisoient partie de plusieurs autres où étoient renfermés en total près de quarante mille Portraits. Quelle richesse en ce genre!

Quant aux Costumes de nos Rois, Princes & Seigneurs depuis *Clovis* jusqu'à *Louis XIV*, *Leurs Altesses Impériales* louerent beaucoup le zèle du célébre Antiquaire (M. de Gaignieres) d'avoir fait dessiner à grands frais des Monumens qui intéressent les Savans, & deviennent utiles aux Artistes. (1).

M. Le Comte du Nord, Prince aussi instruit qu'affable, eut la bonté de donner au Garde du Cabinet, & publiquement, des Notes instructives sur un Tableau que ce même Garde eut l'honneur de lui présenter.

Cette séance fut terminée de la part de ces Princes Etrangers, par l'examen qu'ils firent de deux Morceaux les plus intéressans, sans doute, au moment présent, l'un pour la France & l'autre pour les Russies. Le premier étoit la superbe Estampe du Sacre de Louis XVI. à Reims : le second, le grand Dessin colorié sous glace du Monument à la gloire *de Sa Majesté Impériale des Russies, Catherine II.* Mere *du Comte du Nord*, dont nous sommes l'Auteur. Ces Princes admirerent dans la première, la fidélité des rangs que tenoient les Grands Officiers de la Couronne à cette

---

» m'acquitte de ma promesse : c'est avec plaisir que je me souviendrai toujours de la
» belle & superbe Collection qui vous est confiée. Vous puisez dans l'ancien pour l'utilité des Modernes, & le moderne admire l'ancien, comme la base des connoissances
» présentes.

» Je suis fâché que mon séjour trop abrégé m'empêche de me rendre une seconde fois
» à vos offres, & vous assure, Monsieur, d'être avec beaucoup de considération, votre
» très-affectionné. *Signé*, le Duc de Wurtemberg.

(1) Ces précieux Originaux ont servi aux Monumens de la Monarchie Française, publiés par le P. Montfaucon.

K

augufte & fainte Cérémonie, ainfi que la netteté & la délicateffe du
burin de l'Artifte Graveur (M. Moreau, de l'Académie de Peinture, également Deffinateur excellent.) Le fecond Morceau dut
faire à ces Princes une fenfation bien différente, puifqu'il inté-
reffoit plus particulierement leurs ames & leur Empire, ainfi que
nous l'avons déjà obfervé plus haut (1).

Nous avons déjà annoncé, MM. que vos Princes, frappés des
merveilles fans nombre qu'ils ont vues dans divers Monumens publics de notre Capitale, n'ont pas été moins étonnés d'apprendre
en en fortant, que les Chefs-d'Œuvres en tout genre qui les
avoient le plus étonnés, leur étoient deftinés, (c'eft-à-dire, les
objets qui peuvent fe multiplier par les mains habiles des Artiftes,
même des Ouvriers).

---

(1) CABINET D'ESTAMPES DU ROI DE FRANCE.
*ON comprend par ce titre les Volumes ci-après, que LOUIS XIV a fait
publier à fes frais, & dont S. M. fait préfent aux Cours Etrangeres.*

L'OBJET de ce Cabinet étoit de repréfenter en Gravûre tous les Edifices
Royaux, tant extérieure qu'intérieurs; toutes les richeffes en Statues antiques
& modernes éparfes dans les Palais du Roi & fes Jardins; fes Médailles, fes
Tableaux des grands Maîtres de toutes les Ecoles, depuis la renaiffance des
Arts; ceux des Conquêtes pendant le Regne de ce Prince, tant par fon Ingé-
nieur, le Chevalier de Beaulieu, que par le célébre Wandermeulen, qui, par
fon divin pinceau, a fuppléé à ce que devoient nous décrire & Racine &
Boileau; les Fêtes que ce grand Roi donna à fa Nation dans fon Parc de Ver-
failles, au retour de fes Conquêtes. Ce Recueil enfin devoit offrir toutes les
merveilles que ce Prince a opérées & acquifes fous fon Regne. Les vingt-quatre
Volumes, qu'il forme aujourd'hui, font un prodige d'exécution : quand on fe
rappelle qu'il n'y avoit point alors de Graveurs en France; & que le grand
Colbert, infpiré par fon Roi, en créa tout-à-coup, favoir, les Edèlink, les
Gerard Audran & les Leclerc, qui produifirent chacun dans leur genre, les
Chefs-d'Œuvres dont eft compofé ce Recueil.

Le Roi de France poſſédant plus de 1200 Planches en cuivre dans ſon Cabinet d'Eſtampes , a tout auſſi-tôt donné ordre dans cette circonſtance à ſon Miniſtre en cette partie , *M. Amelot* ;

CATALOGUE D'ESTAMPES,

Dont les Planches en cuivre ſont à la Bibliothèque du Roi.

PREMIER VOLUME.

TABLEAUX DU ROI,

Sujets.		Planches.
40.	REPRÉSENTANT ſept Sujets de l'Ancien Teſtament , vingt-deux du Nouveau , cinq de la Fable , un de l'Hiſtoire Profane , & trois Allégoriques ; en tout 41 Planches , ci	41.

II. VOL. *Idem.*

15.	Repréſentant cinq Sujets de l'Hiſtoire d'Alexandre le Grand , 15 Planches , ci	15.

III. VOL.

1474.	403.	Médaillons Antiques du Cabinet du ROI, compoſés de 41 Planches , ci	41	89.
	923.	Médailles du Bas-Empire , du P. Banduri , Monnoies de France depuis Charles VII. juſqu'à	37	
	148.	Louis XIV. ci	11	

IV. VOL.

40.	Plans, Elévations & Vues des Châteaux du Louvre & des Thuileries , formant en tout 44 Planches , ci	44.

V. VOL.

	Plans , Elévations & Vues du Château de Verſailles en 27 Planches , ci	27	31.
	Tableaux de la Voûte de la Galerie du petit Appartement du Roi, trois Planches , ci	3	
29.	La Franche-Comté , une Planche , ci	1	

1598.	K ij	220.

& à *M. Bignon*, Grand-Maître de sa Bibliothéque, de relier en maroquin une suite de Volumes contenant un grand nombre d'Estampes les plus belles dont *Sa Majesté* puisse disposer, & dont

De l'autre part.		*De l'autre part.*
SUJETS.	VI. VOL.	PLANCHES.
1598.		210.
89.	Grotte, Labyrinthe, Fontaines & Bassins de Versailles. Grotte, 20 Planch. Labyrinthe, 41 Pl. Fontaines, 21 Pl. Bassins, 7 Pl. En tout 89 Pl. ci	89.
	VII. VOL.	
48.	Statues du Roi, antiques & modernes, sur 48 Planches, ci	48.
	VIII. VOL.	
60.	Thermes, Bustes, Sphinx & Vases du Roi, 51 Pl. ci	51.
	IX. VOL.	
48.	Tapisseries du Roi, 48 Pl. ci	48.
	X. VOL.	
97.	Carrousel, Courses de Têtes & de Bagues, 97 Pl. ci	97.
	XI. VOL.	
20.	Fêtes de Versailles données en 1664, en 14 Pl. ci Divertissemens donnés par le Roi, en 1674, au retour de sa Conquête de la Franche-Comté, 6 Pl. ci	14 6 } 20.
	XII. VOL.	
22.	Vues, Coupes & Profils de l'Hôtel Royal des Invalides, 23 Pl. ci	23.
	XIII. VOL.	
26.	Plans, Profils, Elévations de différentes Maisons Royales, 29 Pl. ci	29.
2008.		625.

Elle fait préfent *d Leurs Alteſſes Impériales des Ruſſies.* C'eſt ainſi que les Tréfors des Rois, fruits des veilles des Hommes de gé- nie, ſe multiplient, deviennent plus riches & plus intéreſſans aux

De l'autre part.		*De l'autre part.*
Sujets.	XIV. Vol.	Planches.
2008.		615.
	Profils & Vues de quelques lieux de remarque avec divers Plans détachés de Villes, Citadelles & Châteaux, 32 Pl. ci	
15.		32.
	XV. Vol.	
	Plans & Profils appellés communément les petites Conquêtes en 40 Pl. ci	
40.		40.
	XVI. Vol.	
	Vues, Marches, Entrées, Paſſages & autres Sujets, d'après Wandermeulen, 28 Pl. ci	
18.		28.
	XVII. Vol.	
	Vues, Entrées & autres Sujets ſervant à l'Hiſtoire de Louis XIV. d'après Wandermeulen, 29 Pl. ci	
23.		29.
	XVIII. Vol.	
	Payſages, Morceaux d'Etudes, &c. d'après Wan- dermeulen, 98 Pl. ci	
98.		98.
	XIX. Vol.	
	Plans, Profils & Vues de Camps, Places, Siéges & Batailles, ſervant à l'Hiſtoire de Louis le Grand, d'après *Idem*, 41 Pl. ci	
56.		41.
	Année 1645.	
	XX. Vol.	
	Plans, Profils & Vues de Camps, Places, Siéges, Batailles, *Id.* 30 Pl. ci	
18.		30.
2266.	1645.	923.

Citoyens qui ont la liberté d'en jouir, en ce qu'ils font cenfés ap=
partenir même à la Nation.

Ce Mufée ouvert au Public qui veut aller puifer & s'enrichir
dans ce Magafin univerfel, contient encore divers Atteliers où le
Peintre habile & le Statuaire exécutent des chefs-d'œuvres. *Leurs
Alteffes Impériales* qui en ce moment femblent s'honorer de n'a-
voir pour toute garde qui les environne, que les Sciences, les
Arts & les Talens, s'y tranfportent, & reconnoiffent au même
inftant, mais non fans furprife, le Bufte en marbre de leur Augufte Mere. Des Eloges flatteurs & mérités, fortis auffitôt de la
bouche des Graces même, deviennent au même inftant pour l'Artifte préfent, une récompenfe honorable & due à fes talens. (M.
Oudon, de l'Académie Royale de Sculpture).

Mais ce qui ajoute encore, s'il eft poffible, à l'Eloge de ces deux
Auguftes Epoux, eft fans doute, qu'ayant appris, que dans cette
Capitale un Artifte de grande réputation s'y eft mérité le beau titre

De l'autre part.		*De l'autre part.*
SUJETS.	XXI. VOL.	PLANCHES.
2266.		923.
31.	Plans, Profils & Vues de Camps, Places, Siéges & Batailles, *Id.* 33 Pl. ci 1646, 7, 8.	33.
	XXII. VOL.	
28.	*Idem*, 29 Pl. ci 1650, 59.	29.
	XXIII. VOL.	
27.	*Idem*, 31 Pl. ci Années 1662. à 1697.	31.
T. 2352 Sujets.		TOTAL, 1016 Pl.

de Peintre des mœurs Françoifes, (M. Greufe, de l'Académie de Peinture,) ils vont auffitôt vifiter fon Attelier, l'y trouvent occupé à terminer quelques fujets ingénieux & intéreffans, deftinés même à M. *le Comte d'Artois*, Frere du Roi. Ces Princes, après avoir admiré quelques-uns des chefs-d'œuvres de cet Artifte dont les fujets ont toujours trait à exprimer des points de Morale qu'il a fu puifer dans fon ame, & rendre fur la toile avec cette vérité qui toujours porte avec elle l'expreffion vive du fentiment & de la belle nature ; ces Princes, dis-je, follicitent à l'envi l'Artifte, de leur procurer quelques productions de ce genre, dont, fur-tout, ils le laiffent maître du choix des fujets.

Tel eft l'hommage flatteur que l'Homme de goût rend au vrai talent d'un Artifte célébre, en n'impofant jamais d'entraves à fon génie ; & quelle gloire pour lui de voir réunis, au même jour, dans fon Attelier, le Prince connoiffeur, & la Mere des Graces & des Talens, fon époufe, converfer, pour ainfi dire, avec les chefs - d'œuvres qu'il a produits, & par conféquent avec lui-même.

Après avoir parcouru ce vafte Maufolée, (la Bibliothéque Royale) où repofent depuis vingt fiécles les Connoiffances Morales de l'efprit humain qui n'eft plus ; après avoir, en quelque forte, interrogé & rendu hommage aux Mânes Sacrées de ce Peuple immenfe d'hommes de génie, qui depuis la création du Globe s'eft régénéré jufqu'à nous ; ces Princes s'en arrachent à regret, pour fe tranfporter le lendemain au Palais de nos Rois, (le Louvre :) déja ils en parcourent les immenfes galleries habitées par une Nation entiere de Sçavans & d'Artiftes en tout genre ; c'eft dans les murs de ce Palais, autrefois la premiere habitation de nos Rois, que font fixés ces Aréopages de Savans & de beaux efprits dont les chefs-d'œuvres divers & les découvertes favorables au bien de l'humanité, étonnent fans ceffe l'Europe.

Richelieu pofa les premiers fondemens de cet Edifice Litté-raire, devenu le modèle de ces Tribunaux refpeɕtables & du même genre, qui par la fuite fe font élevés dans toutes les Ca-pitales du Monde, & où tout ce qui eſt du reſſort du génie, de l'efprit & du goût, eſt difcuté, éclairci & jugé. C'eſt ainſi, qu'a-près avoir honoré de fon augufte préfence ces mêmes Tribu-naux Littéraires, *le Czar Pierre le Grand* en éleva dans fes Capi-tales de Mofcou & de Saint Pétersbourg, qui furent feulement confacrés aux Sciences : il fe promit alors de multiplier ces Corps Académiques par la fuite, & de même genre que ceux qui exiſtent de nos jours dans la Capitale de la France ; mais n'ayant pu tout créer dans fa Nation, il a laiſſé à fes defcendans le foin de porter à fa perfeɕtion ces Etabliſſemens Littéraires ; & c'eſt ce que fe propofe de réalifer inceſſamment *M. le Comte du Nord.*

La Langue Françoife, devenue maintenant la Langue de l'Eu-rope, l'eſt également de la Politique & de la Philofophie. L'an-cien idiôme National rude & barbare que parloient nos Peres, a difparu, & à la groffière naïveté de leur jargon l'on a vu infenſi-blement fuccéder l'harmonie, la douceur, l'élégance, le nom-bre, la pureté & l'énergie du Langage des Grecs & des Ro-mains.

C'eſt de ces foyers divers, MM. que *Leurs Alteſſes Impériales* voyent s'élancer d'autres traits de lumiere qui portent dans les Sciences abſtraites le jour le plus vif ; c'eſt à ce jour pur & bril-lant que les Difciples des Gaffendi, des Rohault & des Defcar-tes, fe font éclairés fur tous les objets qui font du reſſort du Génie & de la Géométrie trafcendante. Ce font les Pafcal, les Roëmer, les Lacaille, les la Condamine qui illuſtrerent les Re-

gnes

gnes derniers de la France; & en d'autres genres, les Lemery, les Rouelle : ce sont encore les Belidor, les Leroy, les Vaucanson qui ont porté dans la Méchanique toute la Profondeur du calcul & du raisonnement, comme l'a fait le grand Rameau dans la Musique.

D'autres Sçavans, chargés d'éternifer les Exploits valeureux & Patriotiques des Grands Princes, & des Hommes Illustres en tous genres, par des Monumens durables, en composent avec les métaux les plus précieux l'immortelle Histoire, & l'ornent d'inscriptions dont l'énoncé précis peint, en deux mots, les plus grands traits de leur vie, portent dans celle des tems les plus reculés le flambeau de la saine critique, & débrouillent l'obscurité des siécles passés, & le cahos de la savante Antiquité dans ses restes précieux. Faisons-nous gloire d'emprunter les expressions même de l'un de ces Savans, (M. Dupuis, Secrétaire perpétuel de l'Académie des Belles-Lettres,) portant la parole en présence *de M. & de Madame la Comtesse du Nord*, le 7 Juin, jour même que ces Princes honorerent de leur présence cette Séance Académique.

» Au commencement de ce siécle, dit-il, *Louis XIV* étendit » la sphère des études de son Académie des Belles - Lettres en » augmentant le nombre de ses Membres ; & comme il avoit » aussi fondé, peu d'années après, l'Académie des Sciences, il » voulut que ces deux Compagnies, étroitement unies, concou- » russent au progrès des connoissances humaines en tous gen- » res. Il leur assura pour domaine commun l'Univers entier, & » les traita comme deux branches d'une même famille; mais » en imposant à l'une & à l'autre l'obligation de se communi- » quer mutuellement les productions de leur héritage, & les » fruits de leur culture.

L

» Le Monde ancien fut le partage de celle ci , & dès-lors tous
» les genres d'Etude qu'exige, par son immense étendue, la con-
» noissance de l'Antiquité , entrerent dans la liste de nos devoirs.
» Il falloit, pour remplir les vues de notre Auguste Fondateur ,
» remonter aux tems les plus reculés , suivre l'esprit humain chez
» une multitude de Peuples divers , démêler au travers d'épaisses
» ténèbres ses idées , ses loix , ses mœurs , ses usages , ses Arts ,
» ses Sciences , ses erreurs même : en un mot, recueillir dans
» tous les âges , rassembler & réunir en un seul corps les lumie-
» res des Anciens à celles des Modernes ».

Enfin , tous les Sçavans concourent par leurs talens divers à
former ce corps de lumière dont l'éclat rejaillira sur tous les
siécles à venir ; mais qui, loin d'éblouir les Illustres Etrangers ,
témoins de tant de prodiges , ne sert qu'à les leur montrer dans
le plus beau jour & sous les rapports les plus intéressans. C'est
ainsi qu'ils ont contemplé le plus Grand Roi de la France do-
minant sur le sommet du Parnasse , entouré des plus beaux
Génies qui illustrerent son siécle : c'est ainsi encore qu'ils fixerent avec intérêt les caractéres sacrés de bienfaisance de notre
jeune Monarque envers ses Peuples , gravés sur l'Obélisque de
l'immortalité.

Mais le génie de l'homme , quelqu'accoutumé qu'il soit à mé-
diter sur des objets profonds , ne peut long-tems s'y fixer : il doit
faire diversion à ses occupations , les varier & chercher ainsi des
délassemens & des jouissances , même en partageant celles que
leurs semblables s'empressent de leur procurer.

Leurs Altesses Impériales retournent donc à notre Cour pour
y trouver des délassemens & des plaisirs nouveaux qui les y attendent. Dans leur marche, ils vont visiter un vaste Edifice de cons-
truction moderne, sur la route qui conduit au Palais de nos Rois ;

(la Manufacture de Porcelaine de Sèves ;) bien-tôt ces Princes jugent que la Saxe & la France ne font plus, dans cette partie de commerce pour la Porcelaine, tributaires du Japon & de la Chine ; c'eft donc là que particulierement *Madame la Comteffe du Nord* femble ravie en parcourant une fuite innombrable de chefs-d'œuvres de goût, dont la délicateffe & le tranfparent annoncent la fragilité : mille Grouppes variés & repréfentant pour la plupart des fujets champêtres, font difpofés pour décorer nos tables & l'intérieur de nos appartemens : d'autres, fous des formes plus fragiles encore, paroiffent deftinés pour l'ufage des repas : mais voici le premier chef-d'œuvre de ce genre qui femble avoir été travaillé par la main même des Graces ; oui, ce font elles, fans doute, qui en ont pétri & contourné l'argile deftiné à former le grand nombre de vafes de toutes les formes, de toutes les couleurs, & couverts des attributs & des emblêmes heureux de la Princeffe qui les admire : préfens dignes de l'Augufte main qui les offre, & de celle qui les reçoit.

Mais déja font préparés dans le Palais de nos Rois des Spectacles pompeux puifés dans l'Hiftoire Grecque & Romaine : & quels fujets plus dignes de pareils Spectateurs, que ceux qui tour à tour paroiffent fur la Scène Lyrique & Dramatique, & vont occuper le plus beau Théâtre de l'Univers !

Ici l'Héroïfme de la tendreffe conjugale y paroît dans tout fon triomphe, & les reffources ingénieufes de la mélodie & de l'harmonie mifes en action par le plus beau Génie qu'ait produit l'Allemagne, & qui eft venu enrichir notre Scène Lyrique, (Glouk) augmenter la fomme de nos connoiffances en ce genre, & de nos jouiffances même, rendent encore plus intéreffantes & touchantes les expreffions de l'ame de ces deux Epoux de la Grèce, *Achille* & *Iphigénie* ; nos Auguftes Princes, ceux des Ruffies réunis ¡avec eux, & témoins de ce fpeétacle attendriffant, ne s'y font-ils pas reconnus eux-mêmes ?

Je paffe, MM. à la defcription d'une Fête qui tient du merveilleux de l'ancienne Mythologie. Ainfi je me permettrai d'en emprunter les Images pour vous la retracer.

FÊTE

DONNÉE AU PETIT TRIANON

PAR LA REINE

A Leurs Alteffes Impériales des Ruffies, M. le Comte & Madame la Comteffe du Nord.

MAIS par quel enchantement le divin Apollon ranime-t-il fa Lyre ? Quels fons mélodieux & harmonieux femblent annoncer à la Terre la Déeffe des Cieux ? C'eft elle-même qui paroît dans tout fon éclat. Tout l'Olympe obéit à la voix de fa Souveraine. Par fes ordres une Fête digne d'elle eft auffitôt préparée qu'annoncée : les Graces forment fon cortége. La jeune Hébé (*Madame Elifabeth de France*) la foutient légèrement, & lui fert de compagne fidele : majeftueufement parée de fon propre éclat, elle s'avance au Portique de fon Temple pour y recevoir une Divinité Etrangere qui lui eft égale en beauté, & femble fe retrouver dans fon Empire, après avoir traverfé l'efpace immenfe des airs : la brillante Iris, Meffagere des Dieux, parcourant d'un vol rapide les Régions Céleftes, annonce aux Peuples du Midi l'arrivée de cette Déeffe, habitante & Souveraine des Régions Glacées : au premier fignal, les tendres Amours, par ordre de leur Mere, ont volé fur fes pas, la précédent, & jettant fur fon paffage les fleurs les plus odoriférentes, parfument l'air qu'elle refpire. Cérès, Vertumne & Pomone lui préfentent dans des corbeilles les fruits de leurs travaux champêtres, qui deviennent pour cette Divinité les tributs les plus agréables, & que fes Contrées ne produifirent jamais : les Mufes chantent en fon honneur des Hymnes harmonieufes : Apollon conduit leurs céleftes Concerts : les Zéphirs légers traînent fon char, dont la Déffe du Printems guide les rênes, qu'elle a pris foin de treffer de fes dons brillans : les Aigles, Rois des airs & Symboles heureux de fes Etats, planant au-deffous des nuages tranfparens, couvrent de leurs aîles la Déeffe Etrangere & fon Cortége, & temperent ainfi l'éclat & l'ardeur des rayons brûlans de l'Aftre du jour prêt à difparoître dans le vafte Océan. Diane affife dans fon Difque enflammé, environnée de mille Aftres brillans & tempérés, répand déja fur la terre verdoyante la douce lumière de fon flambeau ; cent feux, images des Phofphores, fortent de cent cavités de la terre, percent à travers le feuillage épais d'une forêt, & le difputent par leur clarté à la plus belle Aurore Boréale, qui fouvent au déclin du jour étonne le Berger timide ramenant fon troupeau. Quelques heureux Mortels témoins de cette Fête, ou plutôt de cette Pompe Triomphale, ne peuvent concevoir d'où partent des effets de lumiere qui ajoutent une clarté auffi tranquille & auffi pure.

O Champs Elyfées, autrefois le féjour imaginaire des Ames heureufes, vous voici donc tout-à-coup tranfportés dans les bois fombres & myftérieux qui environnent le Palais chéri de notre Augufte Souveraine ; le fleuve Léthé en traverfe les Plaines fertiles & les riches Vallons : mille Fontaines jailliffantes où fe baignent enfemble les Nymphes & les Nayades jouant entr'elles, en

rafraîchiffent les gazons & les parterres. O Trianon, féjour délicieux, que les Graces ont pris foin d'embellir, Flore elle-même veille fur tes Jardins : des bofquets de Lys & de Rofes
étayés de Lilatiers fleuris, invitent au repos les Déeffes qui les
parcourent. Palais des Divinités, quel triomphe pour toi en ce
jour ! & fi le plus Grand des Rois épuifa les marbres de Paros
pour t'élever, c'étoit fans doute pour qu'un jour, ou plutôt de
nos jours, tu paruffes dignes de l'honneur qui t'étoit réfervé !

---

*LEURS ALTESSES IMPÉRIALES des Ruffies parcourent les
Jardins de Monfeigneur le Duc de Chartres à Mouceaux.*

APRÈS avoir parcouru en fiction & comme par enchantement
fur les divers Théâtres de la Nation, l'immenfité des cieux, pénétré jufqu'aux abîmes du Tartare, vifité à la lueur des pâles
flambeaux les lugubres Tombeaux des Héros de la Grèce, joui
du bonheur délicieux que les Ames tranquilles & heureufes goû-
tent aux Champs Elyfées au fon de la Lyre de l'Apollon François
(Caftor & Pollux, paroles de Bernard, mufique de Rameau,)
contemplé l'intérieur de ces Palais fuperbes, où des Scènes tour-
à-tour effrayantes & attendriffantes ont intéreffé l'homme fenfible
& l'homme de génie ; *Leurs Alteffes Impériales* vont refpirer
l'air pur que la belle nature va leur offrir aux Jardins champêtres & fpacieux *de Mouceaux*, variés par l'Art, émaillés des dons
de Flore ; c'eft-là que l'un des defcendans *du Grand Henry*,
Créateur ingénieux de cette Contrée de délices, attend avec fon
Illuftre Epoufe les Princes Voyageurs.

Ne croyez pas, MM. que l'intérieur d'un Palais fuperbe foit
préparé par les ordres d'un Sultan Afiatique : ici la fimple Nature

s'eſt miſe ſeule en frais : des boſquets de verdure, de ſom-
bres réduits, des allées contournantes, des grottes myſtérieuſes
appuyées contre quelques parties de rochers que le haſard ſemble avoir depuis vingt ſiécles tapiſſé de lières & de plantes ſauvages : là ſont divers clos contenant une infinité de ceps plantés
en compartimens, & taillés ſans doute par les mains de Vignerons
de l'Italie, de la Bourgogne & de la Guyenne. De toutes parts
les Elémens ſemblent être en action pour fournir l'humide & la
chaleur, néceſſaires à la production. Ici des Pompes à feu, Machi-
ne hydraulique la plus ingénieuſe, ſans doute, que l'eſprit humain
ait imaginée, & qu'on doit à l'Anglois inventif ; là des Moulins à
vent, nuit & jour en mouvement, élevent, par des opérations différentes, les eaux des profondeurs de la terre juſqu'à la hauteur dé-
ſirée, & qui ſont enſuite verſées dans mille petits canaux utiles à
la fécondité des Vergers & des Jardins de ce ſéjour délicieux.

Tel eſt l'aſyle champêtre qui va faire quelques inſtans les délices des Souverains du Nord ; mais après avoir parcouru mille
faux-fuyans tortueux voûtés de Sycomores, de Lilatiers, de Peu-
pliers d'Italie & de mille arbriſſeaux des Indes, après avoir reſpi-
ré, dis-je, un air frais, & pris quelque repos ſur des gazons de
Thym & de Serpolet, viſité des cabanes, des manoirs gothi-
ques prêts à s'écrouler, & partagé le repas ſimple des Bergers de
retour de leurs champs, dans la cabane même où les laitages crê-
meux ſont dépoſés pour y être conſervés & travaillés de cent
manieres ; de ce lieu délicieux & frais, habité par de jeunes An-
glaiſes & Hollandaiſes, Laitieres, qui en font les honneurs, les
Princes & leur Suite vont chercher dans cette même Contrée
d'autres jouiſſances bien plus dignes d'eux.

Un cirque ſpacieux ſoutenu de quelques colonnes dont à peine peut-on appercevoir des veſtiges du majeſtueux ordre Co-

rinthien, qui jadis le décoroit , arrête nos illuftres Voyageurs ;
mille débris de Pyramides, de Colonnes renverfées çà & là, de
Statues mutilées, de Vafes brifés , d'Infcriptions effacées par le
tems , de Tombeaux entr'ouverts & arrachés des anciens fondemens des Villes de la Grèce , de l'Italie , de l'Egypte , de la Chine & des Indes , femblent plutôt avoir été fabriqués que tranfportés dans ce lieu même, & redoublent leurs jouiffances.

Que de nouveaux plaifirs les attendent encore fur les rives
oppofées d'un petit Fleuve dont les eaux empruntées d'un autre
Fleuve plus rapide & plus majeftueux , qui nourrit la Capitale
de la France , obligent les Voyageurs curieux d'expofer leurs
jours en fe hazardant fur un Pont que le laps des fiecles femble
devoir entraîner bien-tôt à fa ruine ! N'importe : fi la traverfée
immenfe & périlleufe du Nord au Midi n'a point effrayé ces
Etrangers intrépides, le paffage d'un Fleuve bien moins dangereux
que la Newa & la Seine, fur un Pont même chancelant, ne pourra
les arrêter. Le fage Conducteur femble effrayé lui-même; mais n'i-
gnorant pas qu'il n'y a aucun danger , il les guide , & bientôt
ils arrivent au-delà , fe trouvant au pied d'un Rocher efcarpé
d'où jailliffent des fources écumantes qui tombant avec fracas
dans des précipices affreux , vont fe diftribuer en mille canaux ,
& fertilifent ainfi un pays immenfe. Telle eft la Fontaine fi célébre de Vauclufe , où le tendre Pétrarque fixa fa demeure pour y
chanter & célébrer les attraits de fa belle Laure.

Le féjour de Mouceaux eft donc celui des Plaifirs Champêtres, tranquilles & variés ; & telles font les occupations du Prince qui l'habite : Ami des beaux Arts, Protecteur des Sciences,
Favori des Mufes ; qu'il fait offrir & procurer des jouiffances
agréables aux Etrangers Amateurs , dignes de les fentir & de les
apprécier ! O vertueufe & intéreffante Princeffe *de Chartres* , c'eft

vous

vous feule qui pourriez nous rendre ces mêmes plaifirs que vous avez partagés avec l'Augufte *Comteſſe du Nord* dans l'intérieur de votre Palais : mais nous favons que l'une des plus douces jouif-fances qu'ait goûté cette Etrangere illuftre parmi nous , eft fans doute de vous avoir auffi-tôt aimée que connue.

Mais un fpectacle plus tumultueux & d'un autre genre, attire dans un jour de Fête les Princes du Nord : les anciens Remparts de la Capitale, métamorphofés en plantations prolongées d'or-meaux, font devenus aujourd'hui le point de réunion de toutes les Claffes de Citoyens confondus , qui vont y trouver des délaf-femens & des plaifirs proportionnés à leurs goûts , & fur-tout à leurs fortunes. C'eft-là que mille Chars variés par leur forme , leur élégance & leur richeffe, circulent en ordre , & préfentent à l'Etranger un Spectacle enchanteur , qui fans ceffe fe renouvelle. Mais bientôt les Livrées de nos Illuftres Voyageurs font apperçues, & l'œil du Citoyen n'eft plus fixé que fur la Princeffe Etrangere qui furpaffe autant en beauté qu'en puiffance tout ce qui l'envi-ronne ! C'eft encore en parcourant nos Boulevards , autrefois la défenfe de cette fuperbe Cité , que les Princes du Nord fixent & admirent les Arcs-de-Triomphe impofans par leur maffe , que l'amour de la Nation & le concours des beaux Arts , éleverent à la gloire d'un de nos plus Grands Rois , (Portes de S. Denis & de S. Martin,) & s'affurent qu'aujourd'hui cette Capitale , dont l'in-térieur leur a préfenté le fpectacle de toutes les merveilles du Mon-de , eft habitée par un Peuple immenfe, fenfible & généreux, in-violablement attaché à fes Auguftes Maîtres , & capable de tout quand on fait employer fes talens & fon zèle.

M

M. le Comte et Madame la Comtesse du Nord visitent le Palais de Justice où Siége le Parlement.

Mais, MM. le jour le plus intéressant de ce Voyage des Princes du Nord dans notre Capitale, fut, sans doute, celui qu'ils consacrerent à parcourir les immenses voûtes du Palais de Thémis, premier Tribunal Français, en ce que les Pairs de la Nation & le Roi même en personne y siégent quand il leur plaît. Les portes de ce Temple auguste sont aussitôt ouvertes à *Leurs Altesses Impériales*, qui, confondues parmi les Citoyens, semblent, comme eux, aller reclamer les secours de cette Divinité tutélaire. Déjà ses Ministres respectables siégent sur les Lys, & y exercent les fonctions les plus nobles dont les Hommes puissent jamais être honorés, prêtent une oreille attentive aux discussions vives & animées de cent Athlètes éloquens, qui combattent avec chaleur dans cette noble Arène.

Tour à tour les Défenseurs de la Patrie & des Citoyens, soutiennent les droits de l'Orphelin opprimé, de l'Epouse injustement soupçonnée, ceux d'une Famille nombreuse à laquelle on veut ravir un héritage légitime, en lui opposant une fausse substitution ; & c'est ainsi que les droits de tous sont discutés, balancés, & intéressent mille Auditeurs, souvent également intéressés eux-mêmes, & qui en tremblant, attendent l'événement malheureux ou heureux d'un Arrêt redoutable, que les Ministres de ce Sénat auguste vont prononcer après une délibération communiquée & réfléchie.

Mais un Magistrat de la plus haute réputation, paroît tout-à-coup élever la voix, le silence régne ; & c'est en ce moment critique, MM. que nos illuftres Voyageurs, devenus eux-mêmes Citoyens, femblent intéreffés à la Caufe qu'on difcute, & redoublent d'attention. L'Orateur-Magiftrat, fixant le Defcendant augufte du *Czar Pierre-le-Grand,* préfent & confondu dans la foule, lui adreffe avec une noble affurance ces paroles mémorables : » Grand Prince, » le Livre facré de nos Loix que vous voyez toujours ouvert au » Citoyen qui veut s'affurer de fes droits légitimes, ou de fes torts, » fut vifité par votre Bifayeul dans une femblable occurrence égale- » ment honorable pour notre Tribunal : ce Souverain, avide de tout » connoître, s'empreffa de parcourir le Code de notre Légiflation, » fondé en grande partie fur le Droit Romain ; & s'appropriant » nos richeffes en ce genre, il les dépofa, de retour dans fes Etats, » au Tréfor de la Politique nationale de fon vafte Empire. *Cathe-* » *rine II.* votre Augufte Mere, a fçu faire germer dans fes vaftes » Etats ces Plantes utiles au bien de l'Humanité ».

» Le Code de Légiflation Ruffe eft donc maintenant fondé fur » la raifon même, & des Magiftrats inftruits, que cette grande » Princeffe s'eft choifis, en font devenus les Interprètes équitables. » Vous-même, *Monfieur le Comte,* préfiderez un jour ce Sénat » refpeétable qui, femblable à celui que vous honorez en ce jour » de votre augufte préfence, contribuera au foutien de votre Cou- » ronne, affurera le repos à vos Sujets, en défendant leurs droits, » leurs prérogatives, & illuftrera en quelque forte votre Empire.

C'eft ainfi, MM. qu'après avoir rendu juftice aux talens du jeune Prince qui doit fuccéder à *Catherine II.* votre Souveräine, & célébré les vertus aimables & enchantereffes de fon Augufte Epoufe par des Eloges mérités, & que nous n'ofons vous rappeller, dans la crainte d'allarmer fa modeftie, notre Cicéron François, l'Éloquent Séguier difcuta une affaire importante en préfence de *M. le Comte & de Mme. la Comteffe du Nord,* qui en fuivirent la marche, en conçurent le fond , & applaudirent aux Conclufions lumineufes du Magiftrat qui en leur préfence porta la parole.

FÊTE Guerriere donnée au Champ-de-Mars par M. le Maréchal Duc DE BIRON , & fon Régiment des Gardes-Françoifes, à Leurs Alteffes Impériales M. le Grand-Duc & Mme. la Ducheffe des Ruffies , le 9 Juin 1782.

QUE ne fommes-nous animés, MM. du génie heureux des Orateurs qui dans ce fiécle ne s'occupent qu'à célébrer avec fuccès les Vertus Guerrieres & Politiques des grands Hommes en tout genre, que la Nation Françoife a produits ! nous pourrions alors, nous devrions même porter nos regards fur l'Augufte Tribunal de l'Honneur François , compofé de Vieillards refpeétables , blanchis dans les champs de la Viétoire , & nous occuper à faire l'Eloge de ces Nobles Chevaliers, toujours utiles à leur Patrie par l'exemple foutenu des vertus patriotiques qu'ils ne ceffent de donner à la Nation. Eh ! qu'il nous foit au moins permis de rendre hommage à l'enthoufiafme foutenu, pour le maintien de l'Honneur François , de la gloire du Trône ; enthoufiafme qui brille avec tant d'éclat dans un des premiers Chefs de ce Tribunal, en la Perfonne de M. le Maréchal *Duc de Biron*, à qui la Garde de la Perfonne Sacrée du Souverain eft commife, & qu'on doit regarder à jufte titre comme un Miniftre effentiel dans fa Partie.

Ce Chef illuftre de la premiere Phalange Guerriere & Françoife qui veille nuit & jour auprès du Trône de nos Rois, attend au Champ-de-Mars *Leurs Alteffes Impériales*. Déjà l'Artillerie s'avance, les Bataillons se forment & se disposent au combat, les Drapeaux sont déployés ; le bruit de Guerre se fait entendre, & annonce l'arrivée du jeune Souverain du Nord, monté sur un superbe Coursier, environné d'une Elite de Guerriers Russes & Français qui forment son Cortége : ce Prince parcourt les rangs, passe en revue ce Corps nombreux commandé par un Corps d'Officiers distingués ; les Bataillons s'ébranlent & se divisent en formant deux Corps d'Armée, le signal se donne, & le simulacre de Guerre commence.

Le canon étonne la Nature, ébranle le sol qui le porte ; un feu roulant semble animer les uns contre les autres, ces Guerriers intrépides que la fumée dérobe bientôt au Peuple immense témoin de ce spectacle imposant. La manœuvre précipitée de quelques Bataillons en rompt d'autres, qui après une fuite forcée, se repliant sur eux-mêmes, se remettent aussitôt en ordre, & par de nouvelles manœuvres, & des ruses de guerre, marchent à pas redoublés à l'Ennemi d'abord vainqueur, l'atteignent, le prennent en flanc, le mettent en fuite, & restent enfin Maîtres du Champ de Bataille.

O Champ de Fontenoy ! Théâtre de gloire pour le Soldat François & les Généraux qui le conduisoient au combat ; en nous rappellant les noms de ces valeureux Chevaliers qui illustrerent cette journée de triomphes pour la France, nous y lirons toujours avec transport celui de l'intrépide *Biron*, illustre héritier des vertus héroïques de ses Ancêtres. Et toi, Citadelle redoutable de Prague ! tes créneaux ne sont-ils pas encore teints du sang de tes propres Défenseurs, que l'épée de ce Héros valeureux sçut y répandre ! Quarante années, & plus, de travaux guerriers ont mérité la Couronne de l'héroïsme à ce noble Citoyen : ses vertus politiques & patriotiques lui ont également valu les Palmes de l'immortalité, & son nom sera à jamais consigné dans l'Histoire des Grands Hommes qui ont eu des droits à la confiance & à l'estime de ses Augustes Maîtres, & à la reconnoissance de tous les Citoyens de cette Capitale, pour avoir sçû veiller à leur sûreté & à leur repos. (1) En effet, nuit & jour sa Troupe guerriere & disciplinée, ne prévient-elle pas sans cesse les crimes, les desordres,

---

(1) OBSERVATIONS PARTICULIERES

Sur la Fête Guerriere donnée au Champ de Mars à M. le Comte & à Madame la Comtesse DU NORD.

Nous aurions craint d'interrompre le sujet principal de notre Discours, si nous nous fussions étendus plus au long sur M. le Maréchal *de Biron* ; mais qu'il nous soit au moins permis de nous entretenir quelques instans de ce bon & généreux Citoyen, autant ami du Soldat que de ses semblables. Sans doute que ce n'a été que par une sagesse & une fermeté des plus constantes, que ce Général est parvenu à étonner, ainsi que nous l'avons déja observé, l'un des Princes le plus versé dans l'Art de la Guerre, l'EMPEREUR, & aujourd'hui l'Héritier du Trône des Russies, en développant à leurs yeux ses Bataillons exercés dans la Tactique la mieux raisonnée, & en leur en faisant appercevoir la tenue générale, de même que les détails infinis qu'elle entraîne à sa suite. En un mot, cette Troupe ne doit-elle pas servir de modèle aux autres Corps Militaires du Royaume, en ce qu'elle est la seule où il y ait une Etude de Gymnastique raisonnée pour le jeune Soldat, Ecole en même tems où les principes de l'honneur & sur-tout ceux de la Religion sainte, sont enseignés à cette Jeunesse destinée à succéder au Soldat vétéran qui périt dans les combats, ou qui va terminer sa carriere dans cet Hôtel élevé par le plus grand des Monarques, & destiné à faire jouir le brave Guerrier du repos mérité par ses services ?

Disons encore, à la louange de cet illustre Maréchal, qu'il est le seul peut-être, qui fasse constamment les honneurs de la Capitale par une représentation soutenue, mais moins fastueuse que solide, en recevant chez lui les Etrangers de marque, le Corps nombreux des Officiers de son Régiment & les François distingués par leurs noms & leurs places ; qu'en un mot, il est, à juste titre, considéré par le Peuple de la Capitale comme sa sauve-garde & son Pere ; par

ne diffipe-t-elle pas d'un coup-d'œil les émeutes d'un populace
vagabonde, & ne rend-t-elle pas au même inftant à l'Habitant timide, fa premiere férénité ?

---

la Nobleffe Militaire qui l'approche & fert fous fes Drapeaux comme fon Protecteur & fon foutien ; & par les Errangers, comme un grand Seigneur François qui en les accueillant eft affuré de réunir tous les fuffrages en fa faveur.

L'on fçait que ce Général François ne fait diverfion à fes occupations guerrieres qu'exigent les affaires du Tribunal de l'Honneur des Maréchaux de
France dont il eft l'un des Membres, & les détails infinis de l'adminiftration
de fon Régiment, qu'en s'occupant du foin de cultiver fon Jardin, l'un des
plus beaux de l'Europe, & de faire jouir les Etrangers & les Nationnaux même
des agrémens en tout genre qui s'y trouvent réunis. C'eft donc là que ce
Vieillard refpectable trouve des délaffemens après les Exercices Militaires du
matin, & qu'il invite les Officiers de fon Corps qui l'ont fecondé, à fe rendre chez lui pour y partager fes plaifirs.

M. le Comte & Mme la Comteffe DU NORD, en fortant du Champ de
Mars, honorerent auffitôt de leur préfence le domicile de M. le Maréchal de
Biron, furent le vifiter & le remercier même du beau Spectacle Militaire dont
il venoit de les faire jouir, & auffitôt ces Princes & leur fuite vont parcourir
les Jardins magnifiques de fon Hôtel. La faifon des fruits fembloit alors avoir
devancé fa courfe de quelques jours ; les cerifiers & les fraifiers fur-tout offrent,
fans apprêt, leurs récoltés abondantes & mûres à nos illuftres Voyageurs, qui
femblent bien plus agréables à la Princeffe dès-lors qu'elle les cueille de fes
mains.

Les plates-bandes émaillées & les amphithéâtres de Fleurs firent diverfion à
la collation prife dans les vergers. Difons que les Jardins fi renommés de
Harlem, ceux qu'on trouve fur les rives des Canaux d'Amfterdam à Utrecht,
quoique magnifiques & curieux, n'offrent rien qui puiffe être comparé à ceux
de l'Hôtel de Biron.

En ces momens de jouiffance tranquille, ne femble-t-il pas voir Mars
quitter fes armes pour faire les honneurs de l'habitation de la Flore du Midi
à la Flore du Nord ? Tels, fans doute, fe montroient nos preux Chevaliers
Français au retour des Campagnes meurtrieres & de leurs Tournois, oubliant
leurs exploits guerriers, ne s'occupoient dans ces jours de repos, que de la
conquête des Cœurs aimables : & tels font encore nos Guerriers, qui, à tout

(1) Et vous, braves Soldats, exprimez dans vos Chanfons guer‑
rieres votre reconnoiffance , & répétez mille & mille fois , que
des bienfaits de cette généreufe Souveraine, naît votre allégreffe!

» âge, fe montrent toujours galants auprès du Sexe enchanteur. Madame la
Comteffe du Nord aimant & connoiffant les belles productions en Fleurs,
femble en fixer plus particulierement une des plus rares; mais quelle eft donc
fa furprife en lifant fur fa tige, *la Comteffe du Nord !..*». Cette Tulippe vous
» appartient, Madame, lui dit alors M. le Maréchal; en voici d'autres qui
» compofent fa Cour, permettez qu'elles vous fuivent auffi pour être tranf‑
» plantées dans vos Jardins de Péterfbourg ». O grande Princeffe ! pourriez‑
vous refufer un don offert avec autant de grace ? Non, vous en mettez encore
plus à le recevoir ; & le noble Chevalier Français en eft pénétré de fenfibi‑
lité. Nous devons encore obferver que ce Héros n'avoit pas été moins géné‑
reux envers M. *le Comte du Nord*, qui, au Champ de Mars, ayant monté
fon cheval de guerre, pria le Prince de lui faire l'honneur de l'accepter tout
équipé. Sans héfiter, Son Alteffe Impériale reçut auffitôt ce don avec la fran‑
chife d'un jeune Héros Français qui veut plaire à fon Général.

Si de tels préfens ont dû flatter celui qui a ofé les offrir, difons que les Prin‑
ces qui les ont acceptés n'ont pas moins été fenfibles aux manieres grandes &
gracieufes du Seigneur Français qui leur en a fait le facrifice, fi toutefois on
peut ainfi caractérifer des dons offerts avec tant de nobleffe.

(1) M. *le Comte* & Mme *la Comteffe du Nord*, toujours grands, toujours
généreux, ne le font pas moins dans cette circonftance, qu'ils l'ont été par‑
tout où ils eurent occafion de manifefter leur fenfibilité, leur reconnoiffance
même, & ce fut ur‑tout dans celle-ci où particulierement la bienfaifance de
Mme *la Comteffe du Nord* fe fignala, & nous devons obferver que M. *le Comte
du Nord* lui laiffa en ce jour tous les honneurs de manifefter fa générofité envers
une Troupe Françoife, qui par l'organe de fon Chef, fçut reconnoître &
accepter des bienfaits d'une Princeffe feule, *faite, fans doute, pour être admi‑
rée & jamais refufée* ; c'eft ainfi que va s'exprimer M. le Maréchal de Biron.
(Cette générofité fut de 500 louis d'or).

RECEPTION

RÉCEPTION *de Leurs Alteſſes Impériales des Ruſſies, le Comte & la Comteſſe du Nord, au Château de Chantilly, par Leurs Alteſſes Séréniſſimes M. le Prince de* CONDÉ, & *M. le Prince de* BOURBON, *ſon fils, le* 10 *Juin* 1782. *Fêtes données à ces Princes Etrangers le même jour & les deux qui ſuivirent.*

CHANTRE ſublime des Héros François, qui n'es plus, divin Voltaire, ranime ta cendre ; que ton ame s'élance du marbre glacé qui ne rend plus parmi nous que ton image : viens m'inſpirer ; je vais admirer les vertus guerrieres, ſociales & politiques du

---

LETTRE DE M. LE MARÉCHAL DE BIRON
A M. LE PRINCE BARIATINSKY.

De Paris, le 12 Juin 1781.

MONSIEUR,

J'AI rendu compte au ROI de la derniere converſation que j'ai eu l'honneur d'avoir avec vous ; & SA MAJESTÉ permet à ſon Régiment des Gardes de recevoir de Madame la Comteſſe DU NORD, les marques de bonté & de ſatisfaction qu'elle veut bien lui donner.

Le Chef de ce Corps eſt pénétré de reſpect pour cette illuſtre Souveraine : elle eſt faite pour être admirée, & jamais refuſée ; ainſi elle peut envoyer ſes ordres. Le Maréchal de Biron verra avec grand plaiſir un des premiers Corps du Royaume ſe réunir à lui, en faiſant des vœux pour ſa conſervation & celle du reſpectable Comte DU NORD.

J'AI l'honneur, &c. *Signé,* LE MARÉCHAL-DUC DE BIRON.

N

Defcendant de ce Héros magnanime qui fut le foutien de 'lhon-
neur Français , le *Grand Condé* , Prince que tu as célébré dans
tes Ecrits immortels ! Prête-moi ta plume enchantereffe pour au
moins tracer à grands traits les jouiffances aimables que l'Héritier de l'ame de ce Grand Homme vient de faire goûter en ce jour
au Prince & à la plus intéreffante Princeffe qui jamais foit fortie
de fes Etats pour venir embellir les nôtres.

Ce Prince, le Mars vivant de la France , après avoir parcouru
les divers Palais des Divinités , ne femble-t-il pas s'être enfin fixé

LETTRE DE MADAME LA COMTESSE DU NORD

A MONSIEUR LE MARÉCHAL DE BIRON.

A Paris, le 13 Juin 1781.

QUOIQUE le fuffrage d'une Femme , lorfqu'il s'agit du Militaire , eft
de bien peu de conféquence ; cependant il lui eft permis de mêler fes applau-
diffemens à ceux du Public. Recevez donc, MONSIEUR LE MARÉCHAL,
mes remerciemens pour votre complaifance , en nous faifant jouir du beau
fpectacle de la revue de votre Régiment , & permettez-moi de vous affurer
que mon Mari & moi en avons reffenti la plus grande fatisfaction. J'aurois
défiré pouvoir vous donner cette affurance dès Lundi ; mais mon voyage de
Chantilly m'en a empêché. Je profite du premier moment que j'ai à moi, pour
vous prier, MONSIEUR LE MARÉCHAL, de permettre à votre Régiment d'accepter cette bagatelle, comme le fimple témoignage de notre fatif-
faction & reconnoiffance ; & enfin , pour vous dire la chofe fans détours , je
défirerois qu'ils boivent à la fanté de leur Général & à la mienne. En vous
réitérant, MONSIEUR LE MARÉCHAL, mes remerciemens pour tou-
tes vos attentions & politeffes, que je fçais apprécier & reconnoître ; je vous
prie d'être perfuadé des fentimens d'eftime & de confidération avec lefquels je
ferai toujours.

Signé, LA COMTESSE DU NORD.

à celui de Flore pour en faire à jamais fa demeure ? O Chantilly ! quel triomphe pour toi, de poſſéder un tel Seigneur !

COUPLETS CHANTÉS AU REPAS.

QUE Madame la Comteſſe DU NORD a donné au Régiment des Gardes-Françaiſes.

AIR DU VAUDEVILLE DE TOM-JONES.

DU fond du Nord un Héros vient en
   France :
  Ce Mars eſt ſuivi par Vénus ;
Cette Déeſſe amene l'abondance :
  Amis, célébrons leurs vertus.
Qu'en ce beau jour chacun de nous s'em-
   preſſe
  A fêter ce couple enchanteur :
  De leurs bienfaits naît l'allégreſſe ;
  C'eſt le triomphe d'un bon cœur.

❦

LE Souverain qui regne ſur nos âmes
  Honore ce Couple charmant ;
Dans tous nos cœurs naiſſent les mêmes
   flâmes,
  Sa Loi fait notre ſentiment :
Pour le ſervir deſtinés dès l'enfance,
  Plus ſes amis que ſes ſujets ;
  Lui conſacrer notre exiſtence,
  C'eſt le triomphe des Français.

❦

ILLUSTRE REINE, ornement de la
  France,
  Vous chériſſez ce Couple heureux ;
A vos côtés que ſans ceſſe on l'encenſe,
  Pour vous, pour lui ſont tous nos vœux :
Si des Guerriers l'hommage peut vous plaire
  Recevez le nôtre en ce jour ;
  Au beau DAUPHIN donnez un Frere,
  C'eſt le triomphe de l'Amour.

GRAND MARÉCHAL, notre Ami,
   notre Pere,
  A ces Epoux offrez nos cœurs ;
Vous connoiſſez notre amitié ſincere,
  Sans vous, pour nous point de bonheur.
Si le Héros des Ruſſes nous admire,
  Nous vous devons ce ſuccès-là :
  De vous aimer juſqu'au délire,
  C'eſt le triomphe du Soldat.

❦

TOI, DU SAUZAY, Général intrépide,
  Dans tous les tems notre ſoutien,
Si parmi nous le bon ordre préſide,
  Toujours on t'en doit le maintien.
Chacun de nous en toi croit voir un Pere,
  Nous rendre heureux eſt ton vouloir ;
  Tous les Soldats vivent en frere,
  C'eſt le triomphe du devoir.

❦

VIVE LOUIS & la Reine ANTOINETTE,
  Vivent du Nord les Souverains,
Vive BIRON, & que chacun répete
  A chaque inſtant ces doux refreins :
Que le Deſtin à ces Noms ſoit propice,
  Qu'ils ſoient heureux dans tous les
   tems !
  Vivre & mourir à leur ſervice ;
  Voilà pour eux nos ſentimens.

Par MONTHELIER, *Caporal de la
Compagnie de* DESPAING.

Mais, quel Cortége nombreux formé de la Maison même de Condé, sort de l'enceinte spacieuse du Château ! Où porte-t-il ses pas ? Sans doute qu'il va au-devant des illustres Etrangers attendus, pour leur servir de Cortége, & bientôt vont-ils arriver par l'Esplanade immense toujours couverte de verdure naissante.

Déjà le Char brillant préparé pour l'Auguste Etrangere est rendu à sa destination ; & Madame la Princesse de Bourbon, semblable à la Reine des Amazones, suivie de la jeune Hébé sa fille, conduit à la Souveraine des Régions glacées une Brillante Cour uniformément parée. Le bruit des cors retentit au loin dans les bois & les vallons : une Troupe légere servant d'avant-garde, précipite sa marche pour donner le signal que les Princes Etrangers arrivent.

Un Peuple immense difperfé dans la Campagne & fur les chemins, fait déjà entendre de loin les cris d'allégreffe qui fe propagent jufqu'aux avant-cours ; le canon redouble fes coups, anime les chevaux devenus plus fougueux ; la Garde qui fe développe, forme deux lignes, & fait place au Char des Princes Etrangers : ce Char s'arrête au périftyle du Château, où les Princes de Bourbon-Condé, réunis, attendent & reçoivent au même inftant les Auguftes Voyageurs du Nord.

Quelques momens donnés à cette Auguste Entrevue & au repos, dans un Sallon Royal ; un Festin somptueux & digne des Dieux même est auffitôt annoncé que fervi. Des Concerts tour-à-tour Guerriers & Champêtres ajoutent aux charmes que cette Auguste Affemblée goûte & fait goûter au concours prodigieux de Citoyens d'élite, accourus de la Capitale & des Châteaux du voifinage, pour partager les plaifirs de ces Fêtes multipliées qui vont fe fuccéder, & ce Peuple contribuoit lui-même à les embellir en leur donnant de la vie & du mouvement.

Mais un Spectacle de goût va fuivre ce premier Banquet Royal ; un Théâtre fuffifamment fpacieux & galamment décoré, eft déjà occupé par une infinité d'Acteurs exercés & prêts à intéreffer la brillante Cour qui vient jouir de cette premiere Fête.

Ne croyez pas, Meffieurs, que des Scènes tragiques arrachent en ce jour des larmes aux Spectateurs : non ; le Théâtre de Chantilly ne fut jamais confacré qu'aux paffions tranquilles & de fentiment. La Tendreffe & l'Amitié, les Jeux & les Ris, la Danfe & les Chanfons, vont exprimer tour-à-tour les douces fenfations que doivent goûter nos illuftres Voyageurs, & tout ce qui les entoure. Apollon & les Mufes, les Zéphirs légers & les tendres Amours s'empreffent à l'envi de célébrer par d'ingénieufes Allégories l'union des deux Auguftes Epoux, qui déjà fe regardent comme les Amis tendres & chéris des Maîtres de ce Séjour enchanté.

Mais quel fpectacle plus raviffant encore fuccéde à ces premiers divertiffemens ! C'eft l'Amour, oui, l'Amour même, qui dans ce jour de triomphe, habitant fon Palais d'été, environné d'eaux limpides, de bofquets de Lys & de Rofes, va recevoir la Cour de la jeune Souveraine du Nord, parées des mêmes livrées de celle de Chantilly, & toutes deux réunies, n'en forment en ce jour qu'une. Ce Dieu fait feul les frais de cette brillante Fête : fans doute qu'il avoit emprunté la Baguette Enchantereffe d'Armide, puifqu'au même inftant parurent fortir des Eaux divers Pavillons auffi élégans que magnifiques.

Le même Peuple venu des Contrées voifines, toujours curieux & fenfible, accourt de toutes parts & s'empreffe pour appercevoir la Princeffe Etrangere & fon Epoux. Des acclamations fe mêlent au fon des inftrumens, & ce fut alors que l'heu-

reux Berger (1), qui avoit fi bien chanté les Illuftres Etrangers,
reparut à leurs yeux pour y recevoir la récompenfe dûe à fon

---

(1) *COUPLETS DE M. LAUJON,*

Qui terminoient le Divertiffement Villageois donné à la fuite de l'*Ami
de la Maifon*, devant M. le Comte & Mme la Comteffe DU NORD,
au Théâtre de Chantilly.

AIR *des Ecoffeufes*, ou *J'aimois Mlle du Rozier.*

THERESE.

Y.A cheux nous deux Voyageurs,
Qui plaifont à tous les cœurs ;
Ça n'eft pas nouveau pour eux,
    Ce partage heureux
    S'attache à tous deux.
Avant de les voir j'en doutions ,
En le voyant j'y croyons.

Le Maître & le Pere à nous tous
En eut le plaifir avant nous ;
D'accord avec fa Moitié,
    Il leur a marqué
    Tout plein d'amiquié.
Il l'-s-'a vus, mais moi j' les vois ;
Me v'là content comme un Roi.

Qu'EST-c' que l' plaifir d' les voir,
Près ñ't'y-là de les recevoir ?
J' pourrions citer un Seigneur
    Dont ça remplit l' cœur
    D'un nouveau bonheur ;
Après, quand faudra s' quitter,
Qu'à fon cœur ça va coûter !

A CHAQUE pas ils doublont
L'nombre de ceux qui l'-s'aimont ;
Sur ça s'ils écrivont tout ,
    Quoiqu' ça fait beaucoup,
    Ils ne font pas au bout ;
Leurs cœurs, avant la faifon ,
Chaque jour font leur moiffon.

C'QUI m' plaît, c'eft qu'ils ont appris
L'biau langage de Paris :
L' mot & l' jour qu'il faut choifir ,
    Pour faire plaifir,
    Ils fçavont l'faifir ;
Ça fait qu'ils voyont tous deux
Ben plus clair dans tous nos vœux.

MOI j'croyois que les chaleurs
Formiont tout l'éclat des Fleurs :
J'crois qu'ils n' v'nont nous trouver ;
    Que pour nous prouver ,
    Ça donne à rêver,
Qu'il nait au fein des frimats
Des Fleurs pour tous les climats.

V'LA mot pour mot c'qu'un Docteur
Difoit de ce Couple enchanteur :
L'Aftre du Ciel étranger
    Veut nous obliger,
    Sans doute , à juger
Que l'éclat que j' l'y croyons
Double en voyant fes rayons.

COUPLET *chanté alternativement par
les Acteurs.*

Où chacun des deux ira ,
Chacun des deux entendra :
Pour vous ici comme là,
    Ce qui part de là
    Vient fe fixer là ;
Et toujours là , comme ici ;
On dira, revenez-y,
Par plaifir , revenez-y.

talent. » Aimable & tendre Berger , lui dirent-ils , tu n'as oublié
» qu'un Couplet , celui qui devoit exprimer la reconnoiſſance
» dont nous ſommes pénétrés pour ton Seigneur & bon Maître ,
» qui nous procure autant de plaiſirs par des Fêtes auſſi variées
» que magnifiques.¹

C'eſt ainſi , Meſſieurs , que rien n'échappe à ces Princes généreux & ſenſibles , pour dévoiler à tous ceux qui les entourent
l'expreſſion tendre de leurs ames.

Le repas du ſoir fut ſervi dans l'un des Pavillons de ce ſéjour
délicieux ; tout y reſpiroit la fraîcheur du Printems, & la gaîté des
tendres Amours qui en faiſoient les honneurs ; & toujours une mélodieuſe Muſique ajoutoit aux charmes de ce Banquet Champêtre.

Ce n'eſt pas ſans peine que nos Illuſtres Convives ſe ſéparent
de ce ſéjour enchanté; mais l'Appartement toujours réſervé à nos
Souverains les attend , & ils s'y rendent pour y trouver le doux
repos de la nuit.

Le lendemain , nouveaux genres de plaiſirs , mais bien plus
ſérieux, occuperont nos Etrangers. Le ſuperbe édifice des équipages de Guerre & de Chaſſe eſt d'abord viſité par ce Prince
Amateur & Connoiſſeur en belle Cavalerie ; c'eſt-là qu'il voit le
ſuperbe cheval de bataille que monta S. A. S. Monſeigneur le
Prince de Condé dans les Campagnes de la derniere Guerre. Il
voit auſſi celui qui eſt deſtiné au Prince de Bourbon, prêt à partir
pour Gibraltar ; une Cour nombreuſe les ſuit de ce lieu vaſte ;
qu'on peut aſſurer être l'unique dans ce genre en Europe ; de-là
ils ſe tranſportent à la Gallerie des Conquêtes , Monument qui
retrace les Victoires glorieuſes du Grand Condé. Vraiſemblablement parcourent-ils encore l'Arcenal contenant les Armures
en acier poli de nos Preux Chevaliers François , celles d'une
ſuite de nos Rois dont les *Condés-Bourbon* ſont iſſus : le Ca-

binet d'Hiſtoire Naturelle les intéreſſe encore ; & telles furent les occupations du matin, terminées par la viſite des Jardins Potagers où les fruits des Indes mûriſſent en toutes ſaiſons ; & de toutes parts, l'on voyoit des eaux jailliſſantes, qui par une vapeur humide tempéroient l'Aſtre brûlant du Midi. Mais quelle ſurpriſe pour nos Voyageurs en reconnoiſſant l'Iſle d'Amour, qui la veille avoit fait tous leurs délices, de ne plus y appercevoir l'édifice qui le jour précédent les avoit le plus étonné! Ils en marquerent auſſitôt leur admiration *à M. le Prince de Condé*, ſans doute alors dépoſitaire de la Baguette Magique des Fées.

Après le coucher du Soleil, toute la Cour ſe rendit au *Hameau*, lieu champêtre ſi renommé dans toute cette Contrée. Je crains, Meſſieurs, que le talent pour peindre ce ſéjour délicieux, & que l'art n'a point embelli, me manque. Viens donc à mon ſecours, ô Virgile François, qui depuis peu as ſu ſi bien chanter ſur ta Lyre les Jardins de Trianon, de Choiſy, de Bagatelle & d'Aurency ! viens ranimer les ſons de la mienne, ou prête-moi du moins tes crayons aimables & tendres pour décrire en ce jour les Jardins champêtres & ſi variés de Chantilly ! C'eſt avec toi que ſans ceſſe je dirai :

> Voyez & revoyez ce pompeux Chantilly,
> De Héros en Héros , d'âge en âge embelli.

Dans l'immenſité d'objets intéreſſans qui ſe trouvent diſperſés aux environs du Château, l'on y remarque ſur-tout un Hameau, ſéjour ordinaire du premier Berger du Canton, & de ſa fidelle Compagne, riches ſans doute, puiſqu'ils en font ſans ceſſe les honneurs aux Etrangers qui vont les viſiter : peut-être encore qu'avertis qu'une Compagnie honorable & étrangere, conduite par leurs bons Maîtres, ſe rendroit dans leur Verger ; ils ſe mirent bien plus en frais que de coutume, & emprunterent même, dit-on, dit-on, toute la magnificence du Château de leurs Seigneurs. Les Tambours, les Mufettes, les Hauts-Bois précédoient tout un Peuple de Bergers & de Bergeres les plus jolies des Hameaux voifins: cette Troupe légère fut au-devant de la belle Cour: toutes les avenues & les bords des canaux étoient fi bien illuminés qu'on y voyoit comme en plein jour, & les lumieres réfléchiffoient dans les eaux une clarté vive & douce. A la tête du Canal on apper-cevoit dans le lointain une Pyramide d'une hauteur extraordi-naire, illuminée jufqu'à fon fommet, & fur toutes fes faces. Cet enfemble de lumieres préfentoit une Féerie la mieux entendue & en même-tems la plus agréable.

L'on fait que les Hameaux fe difputent la gloire d'avoir au mi-lieu de leur place l'Ormeau le plus élevé, & qui jette le plus d'ombrage: celui de nos Bergers eft renommé dans tout le Can-ton, & aux jours de Fêtes il fert de rendez-vous aux jeunes Vil-lageois & à leurs Compagnes qui aiment la danfe: de cent branches de cet Ormeau, & à travers fon épais feuillage, pendoient deux mille lumieres de diverfes couleurs, dont l'effet parut fi agréa-ble aux Illuftres Voyageurs & à toute leur fuite, qu'ils ne quit-toient les yeux de deffus cet arbre que pour jouir de la gaieté de deux cents Danfeurs & Danfeufes vêtus en blanc & parés de leur feule jeuneffe: vingt contre-danfes occupoient le pourtour de l'Or-meau; tous les Princes & Princeffes confondus dans ces Group-pes Villageois, jouiffoient des vrais plaifirs champêtres. Un Ber-ger, fans doute le Cérifée du Hameau, propofe une ronde gé-nérale, & chante auffitôt une Chanfon en l'honneur des Etran-gers qui font venus les vifiter. L'on feroit tenté de croire que la Mufe de ce Hameau n'eft pas tout-à-fait une Mufe Villageoife, & que par fois elle va confulter celle qui habite le Château du lieu, qui au moins lui avoit infpiré en cette occafion ce refrein:

O

Nous le Voyons ici (M. *le Comte du Nord* ,) *accompagné de la Mere des Graces & des Amours.* (1) Refrein qui cent fois fut répeté par tout ce qui environnoit le Prince & la Princeſſe ; comblés eux-mêmes de ſe voir ainſi célebrés par une troupe de Villageois, qui dans leurs éloges ne ſavent point diſſimuler, & ſont pénétrés en ce jour de la même ſenſibilité de leurs Maîtres à leur égard.

Mais voici une Flotte de Pirogues qui déja attend au Port la Cour Etrangere : les Flammes des Pavillons ſont agitées par un vent frais : les Matelots ſont prêts à lever l'ancre.

Des Tritons ſonnent leurs Conques, font retentir les airs par leurs Concerts aigus , & attirent à eux les poiſſons antiques dont les écailles ſont dorées par le tems.

---

(1) RONDE CHANTÉE AU HAMEAU.

AIR : *Allons donc , Mademoiſelle.*

Or c'étoit la Mer' Michelle ,
Qui chaqu' ſoir au r'tour des champs,
Contoit ſur ſon eſcabelle
Des Hiſtoir' du bon vieux tems :
Moi j'ai mis dans ma mémoire
Tout c' qui m'a paru d' plus beau ;
J'vais vous l' conter, on peut m'croire ,
Car on n'ment pas au Hameau.

❈

All' nous parloit du Grand PIERRE,
Grand Dieu ! qu'n'en a-t-ell' pas dit !
Comme il défrichit ſa Terre ,
Et comme il la défendit ;
Enfin, ſi j'croyons la Mere ,
Il fit tant & tant d'nouviau ,
Que l'y-même, à force d'faire ,
Ne r'connut plus ſon Hamiau.

❈

. . . .
. . . .

All' diſoit, ça me f'ſoit rire ,
Y-a des Rois qui ſont par-tout ,
Qui ſortont de leur Empire ,
Un aut' les attend au bout :
' Y-a d' ces Rois, chez eux qui gèle ,
N'ont qu'à s'montrer, l' cœur eſt chaud ;
Et où as qu'elle eſt la Mer' Michelle,
Pour voir ça dans le Hameau !

❈

. . . .
. . . .

❈

JOUISSEZ, jeunes Fillettes,
Des biaux lieux qu'vous habitez ;
Le calme de ces retraites
Vaut bien le bruit des Cités :
Tout y charme qui les aime ,
L'Ciel , la Terr' , l'ombrage & l'eau ;
C'eſt ſur-tout à l'inſtant même ,
Que l'bonheur eſt au Hameau.

La Reine des Nymphes de ce beau lieu, *Mademoiselle de Con-dé*, métamorphosée en Nayade, coëffée de roseaux, de perles & de corail, arme déja ses mains d'avirons légers proportionnés à ses forces, & rame avec grace & gaieté : l'Onde pure semble se prêter aux efforts de son jeune âge ; le *Prince du Nord* ne peut être que dans l'enchantement, de se voir voguer sous la conduite d'un Pilote aussi aimable.

Aux côtés de cette Pirogue, appellée sans doute l'*Amirale Condé*, voguoit le Chef-d'Escadre monté par M. *le Prince de Condé* en personne, qui jaloux d'avoir à son bord la Princesse Etrangere, conduisoit lui-même ce vaisseau léger : ainsi parcouroit l'immensité des Canaux sinueux, cette importante & nombreuse Flotte, non pas pour aller conquérir un nouveau Monde, & le rendre Tributaire des Etats fleuris de Chantilly ; mais pour visiter les côtes d'un petit Empire voisin, & habité par un Peuple aimable d'Amazones : l'Escadre mouille les Parages arides de cette Contrée éloignée, il faut gravir un Rocher escarpé pour jouir de ce nouveau climat : la Reine des Amazones avertie, sans doute, de l'arrivée d'une Cour étrangere, étoit accourue suivie de la sienne : la voici déja sur ce même Rocher qui attend les illustres Voyageurs, pour leur rendre les honneurs dûs à leur rang Suprême : un simple Trône de gazon & de mousse annonçoit la simplicité, mais étoit bien embelli par un nombreux & fidéle Cortége d'Amazones, qui par des acclamations réitérées accueillirent les Princes du Nord, qui au même instant occuperent ce Trône de verdure élevé exprès pour eux.

Ces Fêtes champêtres parurent si intéressantes à toute la Cour de Chantilly, & sur-tout *à M. & à Madame la Comtesse du Nord*, que les uns & les autres semblent être encore en doute, si, véritablement, elles étoient une réalité ou une illusion, & s'imaginent toujours être dans les Bocages de l'Isle d'Amour, & de ce charmant Hameau ; tant il est vrai que tout ce qui touche de près la simple Nature, touche également notre ame !

On le sait, Messieurs, le plaisir de la Chasse fut toujours pour les Princes l'exercice & l'image des plus nobles amusemens ; les Forêts de Fontainebleau, de Compiegne, de Versailles, de l'Isle-Adam, de Villers-Coterets, & sur-tout de Chantilly, sont meublées de Cerfs, animaux très-rares dans le Nord.

Dès le matin d'un beau jour, la Vénérie, Corps nombreux du *Prince de Condé*, étoit déja sur pied, les Cors & les Meutes se faisoient déja entendre, & annonçoient aux Princes Etrangers les plaisirs d'une Chasse au Cerf ; le signal donné, tous les Princes, les Seigneurs Russes & François montent à cheval.

Madame *la Comtesse du Nord*, & à ses côtés *Madame la Princesse de Bourbon*, *Mademoiselle* & *M. le Duc d'Anghuien* dans un équipage brillant & découvert, suivis de vingt-sept autres remplis de Dames & de Seigneurs de la Cour de Chantilly, tous en habits d'ordonnance, arrivent au rendez-vous ; cinq cents autres équipages d'Etrangers connus, remplissoient la plaine & les routes adjacentes.

Le Cerf, d'abord courageux, portant son bois avec fierté, à peine se voit-il lancé, qu'il fait perdre sa trace à la meute qu'il trompe : cent fois reparoissant, il sembloit le jouer dans sa course légère, & provoquoit ses Ennemis toujours plus animés à le suivre ; mais trompé lui-même par les cors qui le rappelloient sans cesse sur la voie & au rendez-vous général ; bientôt affaissé par le poids énorme de son bois, sa tête d'abord altiere, devient un fardeau accablant que ses frêles jambes ne peuvent plus soutenir, & pressé de vitesse par les coursiers des Illustres Chasseurs criant, *à la ly*, l'animal rendu, tombe de fatigue, s'arrête un instant devant la Princesse étrangere, semble lui demander la vie en laissant couler des larmes; mais se voyant pressé & presque atteint sans espoir d'échapper à la mort, il se précipite dans les eaux, traverse un fleuve, toujours pourfuivi par une meute de chiens acharnés à le joindre : à peine touche-t-il à la rive opposée, qu'aussi-tôt ses Ennemis s'élancent avec fureur sur lui, le saisissent, le déchirent & reviennent ensanglantés fiers d'avoir vaincu leur ennemi. La Princesse compâtissante du Nord, témoin de ce spectacle cruel, eût alors voulu porter des mains secourables à cette victime bien plus malheureuse que coupable; mais comment arracher une victime innocente à des bourreaux inflexibles & déja baignés de son sang ?

Mais, MM. les jours sont marqués. Les Princes du Nord forcés de quitter ce lieu de délices, sont encore bien plus vivement peinés de s'arracher des bras de l'amitié qui les a reçus avec cette effusion qui ne peut s'exprimer.

Ici, MM. nous tirons un voile impénétrable, & nous nous dérobons ces élans que la sensibilité produit toujours, dans les ames tendres, & qui sentent avec transport. Les adieux d'Iphigénie ne furent point aussi expressifs, & les filles de Lesbos ne verserent pas plus de larmes en la voyant partir, que les Princesses de Chantilly quand elles virent disparoître la Souveraine Etrangere.

Il est des Princes, MM. qui ont conquis des Provinces par les armes : mais les Souverains du Nord font plus encore, ils ont fait la conquête de tous les cœurs François; tout ce qui est parti d'eux est devenu l'expression même de la sensibilité, de la grandeur d'ame, de la vraie politesse & de l'amour de l'humanité.

Nous n'avons joui qu'un clin-d'œil de l'auguste présence du *Comte du Nord*, & il n'a paru dans notre Capitale qu'en Roi-Philosophe qui ne regnera sur ses Peuples que pour les rendre heureux,

S'il a daigné visiter nos Aréopages de Savans, s'il s'est confondu parmi eux en simple citoyen, s'il a su apprécier leurs chefs-d'œuvres divers, s'il a su donner des éloges mérités & à propos aux productions de génie, s'il a accueilli les talens en tous genres, si enfin il a été sensible aux transports de nos Concitoyens François, qui en foule ont suivi ses pas pour le voir & l'entendre ; ne craignons pas de le dire, il ne s'est jamais montré parmi nous qu'en bon & fidele François ; & c'est en présence d'un Peuple immense & d'élite réuni dans nos Salles de Spectacle, qu'il s'est assuré qu'un Prince peut compter pour autant de Sujets, les hommes, de quelque Nation qu'ils soient, toujours ivres d'allégresse quand ils voyent un Prince modeste qui daigne se confondre parmi eux.

Enfin, MM. rien n'échappe à la pénétration, à l'activité, aux goûts pour le solide, l'utile & le grand de *Monsieur & de Madame la Comtesse du Nord* ; tout ce qui peut être réversible au bien de l'humanité, ils se l'approprient & se montrent semblables à ces êtres vivans & utiles qui mettent à contribution une terre étrangere à leur Patrie, sans la ravager, vont y pomper les sucs des plantes odoriférantes qui la couvrent, forment des magazins de cette abondante récolte & enrichissent ainsi leur République par leurs courses fructueuses & leurs travaux continuels.

Quel vaste champ ! quels riches matériaux pour exercer le talent & le génie de nos Savans, de nos Littérateurs, de nos Artistes mêmes ! C'est aux Souverains qui se sont immortalisés, plus encore par leur bienfaisance que par leurs triomphes, auxquels nous devons les chefs-d'œuvres que nous possédons, & qui feroient l'admiration de la postérité. Les vertus des Princes, vous le savez, MM. sont l'aliment du génie créateur, c'est le feu divin qui le développe, qui l'échauffe & qui l'enflâme. L'héroïsme d'Achille a été le germe de l'Iliade ; les grands Hommes de la

Grèce ont produit les Phidias, les Praxitelle : ce fut à Auguste que Virgile dut la gloire d'être regardé comme le Prince du Poëme Epique, & c'eft à l'immortel Henry que nous devons le Poëme immortel lui-même de la Henriade : ce fera fans doute au *Czar* que votre Nation devra un jour un chef-d'œuvre qui célébrera fa gloire. Le regne des grands Princes fut donc toujours celui des grands Hommes.

Si la France s'applaudit en quelque forte, MM. de voir vos Auguftes Princes quitter avec regret nos foyers, elle fe glorifie encore plus d'avoir pu fixer & intéreffer leurs ames & leur génie : & fi nos Auguftes Maîtres ont ajouté de l'éclat à leur Trône, ont embelli leur Cour, ont ouvert leur cœur au fentiment de l'amitié, de la tendreffe même, lorfqu'ils ont reçu Leurs Alteffes Impériales ; fi enfin nos Princes du Sang fe font empreffés tour-à-tour à leur donner des Fêtes variées, magnifiques & dignes d'Elles, ce n'a été qu'en vue de flatter leur propre gloire, & d'annoncer à toute l'Europe, que les *Princes de Bourbon* regardent comme leurs égaux, leurs alliés, leurs amis, les defcendans du *Czar Pierre le Grand.*

Telle eft donc la deftinée des Princes, qui, parcourant les Empires étrangers à leur Patrie, rencontrent quelquefois de leurs égaux auxquels ils affocient leurs vertus & les fentimens de leurs ames ; mais qui après des jouiffances de tendreffe fociale & mutuelle, font à regret forcés de fe féparer pour toujours, & de pofer entr'eux l'intervalle immenfe des Mers & des Empires (1).

O généreux Prince & Princeffe, l'honneur de votre Sexe, laiffez, laiffez couler des larmes de fenfibilité : payez ce tribut facré à la Nature, & croyez que nous partageons vos légitimes

---

(1) Ce fut au Château de Choify-le-Roi, où les derniers adieux fe firent.

regrets de ne plus vous revoir. Arrachez-vous des-bras de l'amitié, puifque l'amour de vos fujets vous rappelle dans vos Etats éloignés. Eh! que ne vous eft-il au moins poffible d'imiter ce Souverain des Cieux qui difparoiffant majeftueufement chaque foir d'un beau jour, & après avoir parcouru l'immenfité des airs, fe montre de nouveau d'un éclat plus brillant encore pour ranimer tout ce qui refpire & féconder la terre, puiffiez-vous, dis-je, à fon exemple, reparoître un jour dans nos contrées : mais au moins, Illuftres Voyageurs, confervez à jamais le fouvenir de cette promeffe folemnelle que vous avez daigné faire à nos Auguftes Souverains, même à nos Chefs Guerriers, dans ces momens où vos ames s'épanchoient par l'expreffion la plus vive & la plus touchante, de nous envoyer vos Enfans chéris, lorfqu'ils auront atteint l'âge de force & de raifon, pour qu'à votre exemple, ils puiffent à leur tour juger les grands objets que vous avez fi bien appréciés dans notre Empire.

$$F\ I\ N.$$

<hr>

On trouve chez le même Libraire le DISCOURS *prononcé dans l'Académie Impériale de Saint-Pétersbourg par* M. DOMACHNEFF, in-4°. *avec le Portrait de l'Impératrice* CATHERINE II. *à la tête.*

ERRATA.

EPITRE.

PAGE vij, ligne 15, *précédés*, lisez *précédé*.

INTRODUCTION.

Page ix, ligne 8, postérités futures, *lisez* à la postérité.
xiv, lig. 9, Apologistes, *lisez* Panégyristes.
xxj, lig. 19, l'énernie, *lisez* l'énergie.
xxij lig. 3, de l'humanité, *lisez* des vues d'un grand Prince.
xxiij, lig. 19, à cause, &c. *lisez* que son âge de plus de trente ans rendoit critique.

PREMIER DISCOURS.

Page 11, ligne 6, notre, *lisez* mon.
13, lig. 12, qu'on peut admirer, *lisez* & qui forcent l'admiration.
14, lig. 6, encouragé, *lisez* animé.
15, lig. 12, qu'inspire, *lisez* qu'inspirent.
15, lig. 17, de pitié, *lisez* d'indifférence.

Page 39 , lig. 4 , Gamma, *lisez* Gama.

41 , lig. 4 , à jamais, *lisez* à retrancher.

Idem. lig. 21 , fixée , *lisez* fixée , que.

45 , lig. 8 , de quatre , *lisez* de quatre autres.

53 , lig. 16, volontés du Prince, *lisez* des Loix.

55 , lig. 16 , de nos jours, *lisez* encore.

61 , lig. 26 , mignature , *lisez* miniature.

65 , lig. 7 , des , *lisez* de.

67 , lig. 9 , Renommé , *lisez* Renommée.

83 , lig. 23 , l'y *supprimé.*

90 , lig. 7 , quand il leur plaît, *lisez* quand Sa Majesté l'ordonne.

100 , lig. 7 , Princesse, *lisez* Duchesse.

102 , lig. 10 , l'jour, *lisez* l'tour.

Idem. lig. 24 , du, *lisez* d'un.

105 , lig. 25 , Cérifée, *lisez* Coriphée.

111 , lig. 22 , égaux , *lisez* semblables.

F I N.

9 782019 162504